LA VÉRITÉ SUR LA CONDAMNATION DE LOUIS XVI

LISTE DES CONVENTIONNELS

TIRÉ A 110 EXEMPLAIRES

10 sur papier vergé, de 1 à 10........................ 8 fr.
100 sur papier mécanique teinté, de 11 à 110........... 6 fr.

N°

LA VÉRITÉ

SUR LA

CONDAMNATION DE LOUIS XVI

LISTE DES MEMBRES DE LA CONVENTION

ET DE LEURS SUPPLÉANTS

PAR

GUSTAVE BORD

Ouvrage orné de quatre photogravures

PARIS

A. SAUTON, Éditeur

41, RUE DU BAC, 41

—

1885

LOUIS XVI A LA BARRE DE LA CONVENTION

Collection Gustave Bord.

LA VÉRITÉ

SUR

LA CONDAMNATION DE LOUIS XVI

La condamnation de Louis XVI fut la consécration officielle de la loi nouvelle faisant du nombre l'indiscutable représentant de la vérité éternelle et le substituant au principe qui avait créé, en même temps que la tradition monarchique, la France et la société française.

Sans vouloir chercher à démontrer ici ce qu'il y a d'absurde à voir dans les caprices d'une majorité ignorante ou passionnée la source de la justice immuable et du droit impassible, sans vouloir même entrer dans tous les détails du procès, nous allons établir que même cette loi du nombre ne fut pas observée ; que ceux qui envoyèrent Louis XVI à l'échafaud n'avaient pas le droit de rendre un pareil verdict; que la Convention entière ne représentait qu'une faible minorité de la nation française et que si l'on parvint à trouver dans son sein une majorité apparente d'une demi-voix pour la mort, c'est à la suite de violences, de supercheries et de fraudes dans le recensement des votes.

I

Quel nom donner à cette décision de la Convention qui envoya Louis XVI à l'échafaud ? Que suivant l'opinion de tel révolutionnaire on ait réellement jugé Louis XVI, que suivant tel autre on l'ait supprimé par mesure de sûreté générale, ou que l'on ne préjugea pas la question, comme l'établit un vote de l'Assemblée, il faut bien cependant donner un nom à cette série d'actes qui consistèrent à accuser, condamner et exécuter un Roi ; si Louis XVI ne fut pas jugé selon les formes ordinaires, il fut jugé, quels que soient les sophismes dont on veuille entourer les actes de la Convention, et le vote de cette assemblée jacobine ne peut être assimilé qu'à un jugement par jurés.

Est-ce que, comme le fit remarquer Tronchet, toutes les formalités protectrices qu'exige un pareil jugement furent observées?

Un grand nombre de députés, avant même la lecture de l'acte d'accusation, avaient déclaré que Louis XVI méritait la mort; plusieurs l'avaient même demandée en termes violents. La loi veut avec raison que de pareils jurés soient récusés.

Avaient-ils le droit de voter ceux qui n'avaient pas assisté aux débats et qui arrivèrent à la Convention quelques jours seulement avant la décision suprême? Est-ce que Cazenave, des Hautes-Pyrénées, n'avait pas raison, lorsqu'il demandait qu'on défalquât les votes de ceux qui n'avaient pas assisté à l'instruction? Est-ce que Rabaut-Saint-Etienne ne parlait pas au nom de l'équité et de l'humanité lorsqu'il disait : « Si les juges sont en même temps législateurs; s'ils décident la loi, les formes, le temps; s'ils accusent et s'ils condamnent; s'ils ont toute la puissance législative, exécutive et judiciaire, ce n'est pas en France, c'est à Constantinople, c'est à Lisbonne, c'est à Goa, qu'il faut aller chercher la liberté. Quant à moi, je vous l'avoue, je suis las de ma portion de despotisme, je suis fatigué, harcelé, bourrelé de la tyrannie que j'exerce pour ma part, et je soupire après le moment où vous aurez créé un tribunal national qui me fasse perdre les formes et la contenance d'un tyran. »

Avaient-ils l'assentiment du pays, ces hommes qui s'érigeaient en juges alors qu'un très petit nombre d'assemblées primaires avaient donné à leurs mandataires des pouvoirs illimités? Aucune, dans tous les cas, ne leur avait donné la mission formelle de juger et de condamner le Roi.

Le montagnard Bourbotte, appuyé par le girondin Barbaroux, avait demandé, le 16 octobre, que l'Assemblée s'occupât du jugement de Louis XVI.

Le 6 novembre, Dufriche-Valazé, au nom de la commission des Vingt-quatre, donne lecture d'un rapport sur les crimes du ci-devant roi. A chaque instant cet homme appelé à juger traite l'accusé de traître, de parjure, de scélérat, et il ajoute : « De quoi n'était-il pas capable, ce monstre! Vous allez le voir aux prises avec la race humaine tout entière! Je vous le dénonce comme accapareur de blé, de sucre et de café! »

De l'aveu même de Marat, l'acte énonciatif des crimes de Louis XVI contenait « des accusations qui n'étaient ni démontrées péremptoirement ni même déterminées d'une manière précise. » M. Louis Blanc est obligé également d'avouer : « qu'il faut reconnaître que, parmi les actes mis à la charge de Louis XVI, quelques-uns s'appuyaient sur des idées plutôt que sur des preuves ; et que même il en était dont on ne pouvait, sans injustice criante, le rendre responsable [1]. » Quant à M. Michelet qui ne sut jamais être indulgent pour ses adversaires et qui a toujours eu le talent d'atténuer, par des aveux restrictifs, les vérités qui le gênaient, il est contraint de reconnaître que Louis XVI « savait, voyait que la Convention n'avait aucune pièce sérieuse contre lui, rien qui constatât ses rapports les plus accusables avec l'étranger [2]. »

On ne suivit aucune des formes déjà et maintenant encore pratiquées devant les tribunaux ordinaires : au dernier des criminels on signifie quelques jours à l'avance l'acte qui doit former la base de l'accusation dirigée contre lui. Louis XVI fut interrogé à l'improviste ; on lui demanda de répondre immédiatement à des accusations nombreuses, compliquées, peu claires. Il n'avait pas eu le temps de les examiner avec des défenseurs, puisque ceux-ci ne furent désignés que plus tard.

A quoi se réduisaient, du reste, les principaux chefs d'accusations dont on donna lecture à Louis XVI ?

Les violences du 23 juin 1789, à Versailles ! — Mais est-ce que les membres du Tiers ne se réunirent pas quand même ? Qui donc du Roi ou du Tiers viola dans cette circonstance la loi existante ?

L'ordre donné aux troupes de marcher sur Paris le 13 juillet ! — C'était donc Louis XVI qui était un rebelle lorsqu'une bande de gens sans aveu s'empara de la Bastille, le lendemain ?

La cocarde nationale foulée aux pieds le 2 octobre ! — Cette accusation est manifestement fausse ; elle fut uniquement un prétexte aux révolutionnaires pour employer la violence et emprisonner le Roi dans Paris quelques jours plus tard.

La violation du serment prêté le 14 Juillet 1790 ! — Le serment fut prêté par le Roi et par le peuple. Qui le viola, du Roi qu'on enfermait, ou du peuple qui le persécutait ?

1. L. Blanc. *Hist. de la Révol.* VII, 438.
2. Michelet. *Hist. de la Révol.* IV, 306.

La tentative qu'il avait faite d'attacher à sa cause plusieurs députés ! — N'est-ce pas le droit de tous les gouvernements ?

D'avoir voulu corrompre le peuple ! — Ce sont ses aumônes qui lui sont ainsi reprochées !

La conspiration des Chevaliers du poignard ! — Qui fera croire, en admettant même cette conspiration comme prouvée, que Gilles, qu'on ne put jamais trouver, et ses 60 hommes, également introuvables, aient songé à égorger le peuple de Paris ? L'histoire a fait justice de cette légende.

L'approbation donnée à Bouillé après le rétablissement de l'ordre à Nancy ! — Mais toute la France l'avait approuvé, et dans tous les cas le Roi ne se trouva pas directement mêlé à cette affaire.

Sa fuite du 21 Juin 1791 ! — Mais n'est-ce pas le droit de tout prisonnier d'essayer de se soustraire à ceux qui le persécutent ?

Les massacres du Champ-de-Mars ! — M. L. Blanc reconnaît qu'il y était complètement étranger.

L'argent envoyé, par Septeuil, aux anciens serviteurs du Roi réfugiés à Coblentz ! — Le Roi n'avait-il donc pas le droit de récompenser d'anciens dévouements avec les fonds de sa cassette particulière ?

Les soulèvements d'Arles, de Nîmes, de Montauban, de Mende et de Jalès ! — Il est surabondamment prouvé que le Roi n'en fut pas l'instigateur.

Une lettre reçue de ses frères ! — Ne faut-il pas se mettre hors de tout sentiment naturel pour voir là un crime !

La reddition de Longwy et de Verdun ! — Ces deux places ont été occupées par l'armée prussienne, alors que Louis XVI était depuis vingt jours enfermé au Temple !

La protection accordée aux prêtres réfractaires au serment ! — Il ne fit en cela qu'user du droit commun à tous les Français ; ce furent les révolutionnaires qui violèrent la loi à leur égard et non le roi.

Le refus d'approuver des décrets que réprouvait sa conscience ! — La constitution lui permettait d'user de son droit de *veto*. Est-ce lui qui fut le coupable lorsque le peuple envahit les Tuileries le 20 Juin ?

La conspiration du 10 Août ! — Qui donc conspira ce jour-là ? Qui donc provoqua les massacres ? Qui donc commença la lutte ? Louis XVI qui, attaqué chez lui, usait si faiblement de son droit de légitime défense, ou ceux qui vinrent investir les Tuileries, puis massacrer des gens désarmés ?

Aucun de ces reproches n'était réellement sérieux, et il fallait un sens moral perverti pour retourner ainsi contre l'infortuné monarque toutes les accusations qu'il aurait pu porter à la bande jacobine.

Il faut, pour condamner un accusé, autre chose que des présomptions, il faut des preuves. Quelles sont celles que l'on apporta? Des papiers, qui ne prouvent rien du reste, saisis aux Tuileries pendant la fameuse journée du 10 Août ou découverts dans l'armoire de fer.

On connaît cette histoire : le valet de chambre de Louis XVI enfermait les papiers importants de son maître dans une armoire en fer qui avait été construite par un serrurier du nom de Gamain. En bon patriote, lorsque la royauté fut tombée, Gamain vint faire sa dénonciation au ministre de l'intérieur : « M. et Mme Roland crurent qu'il n'y avait pas une minute à perdre. Ils n'appelèrent personne, n'associèrent personne à la découverte. Roland courut aux Tuileries, ouvrit l'armoire mystérieuse, mit les papiers dans une serviette et revint les verser sur les genoux de sa femme. Après un examen rapide entre les deux époux, après que Roland eut pris note de chaque liasse et inscrit son nom dessus, alors seulement le fatal trésor fut porté à la Convention [1]. »

Qui nous dit que les pièces soustraites aux Tuileries pendant le tumulte de la journée du 10 Août, et celles enlevées plus tard par Roland, sans aucune forme judiciaire, qui nous dit que ces pièces, traînant, pendant des mois, dans les bureaux de la Convention, à la disposition de tout venant, ne furent pas surchargées? que plusieurs d'entre elles ne furent pas supprimées? Le doute est au moins permis. A la suite du refus de Louis XVI de reconnaître l'authenticité de certaines de ces pièces, Thuriot en proposa l'expertise; la Convention s'y refusa, jugeant cette équitable mesure inutile et inopportune. Pourquoi? Quelle est l'affirmation qui a le plus de poids, celle de Louis XVI ou celle de Roland? « Les patriotes ardents peuvent accuser Roland d'avoir soustrait des pièces qui révélaient les complots de Louis XVI, disait Goupilleau de Montaigu, à la séance des Jacobins du 20 novembre; les amis de Louis XVI peuvent prétendre que des pièces à décharge de l'ex-roi ont été enlevées [2]. »

1. Michelet. *Op. cit.* IV. 266.

2. *Journal des Jacobins*, no 305.

II

Mais en admettant même comme prouvées toutes les accusations portées contre Louis XVI, pouvait-on le condamner ?

Pendant son incarcération au Temple, le Roi fit remarquer à un des commissaires de la Commune un article des Droits de l'homme affichés sur l'un des murs de sa prison, dans lequel il était dit : « La loi ne doit établir que des peines strictement et évidemment nécessaires ; nul ne peut être puni qu'en vertu d'une loi établie et promulguée *antérieurement au délit* et légalement appliquée. »

Morisson s'était évidemment inspiré de cet article dans son discours du 13 novembre lorsqu'il posa à la Convention ce dilemme : « Une nation peut établir par un article précis de son contrat social que, quoiqu'elle ait les droits imprescriptibles de prononcer des peines aussitôt l'existence d'un délit et la conviction du coupable, l'accusé ne sera jugé, ne sera condamné, que lorsqu'il existera, *antérieurement à son crime,* une loi positive qui puisse lui être appliquée. Ainsi depuis longtemps les Anglais, nos voisins, ont acquitté leurs criminels dans tous les cas qui n'avaient pas été prévus par une loi positive... D'après nos institutions, pour pouvoir juger Louis XVI, il faut qu'il y ait une loi positive, préexistante, qui puisse lui être appliquée ; mais cette loi n'existe point... Le Roi, dit-on, n'est inviolable que par la Constitution ; la Constitution n'existe plus, son inviolabilité a cessé avec elle. Mais la Constitution subsiste toujours pour tout ce qui n'a pas été anéanti par des lois postérieures ou par des faits positifs, tels que la suppression de la Royauté et l'établissement de la République... Mais le peuple souverain a déterminé la peine qui lui serait infligée et cette peine est seulement la déchéance... Mais la Convention nationale aurait-elle encore la mission de juger Louis XVI, je soutiens qu'elle ne pourrait la remplir, parce qu'un jugement, dans l'ordre social, n'est que l'application d'une loi positive préexistante, qu'il n'existe point de loi positive qui puisse être appliquée à Louis XVI, point de peine maintenant qui puisse être prononcée contre lui. »

L'argument était irréfutable ; aussi n'y répondit-on pas. C'est Saint-Just qui succède à Morisson et dans un discours atroce, à l'appel à la légalité, il répond par un appel au meurtre : « L'unique but du Comité, dit le jeune fanatique, fut de vous persuader que le Roi devait être jugé en simple citoyen, et moi je dis que le Roi doit être jugé en ennemi ; que nous avons moins à le juger qu'à le combattre... Juger, c'est appliquer la loi. Une loi est un rapport de justice. Quel rapport de justice y a-t-il donc entre l'humanité et les rois?... Il est telle âme généreuse qui dirait, dans un autre temps, que le procès doit être fait à un roi, non point pour les crimes de son administration, mais pour celui d'avoir été roi... On ne peut point régner innocemment, la folie en est trop évidente... Si votre générosité venait à l'absoudre, ce serait alors que ce jugement devrait être sanctionné par le peuple... Mais hâtez-vous de juger le Roi ; *car il n'est pas de citoyen qui n'ait sur lui le droit qu'avait Brutus sur César...* »

Tout en visant plus directement l'argumentation de Morisson, Robespierre ne la réfute pas. — Ce fut lui qui posa la question sous son véritable jour, et c'est avec raison que M. Louis Blanc [1] prétend que ce fut son discours qui fit incliner la balance du côté de la mort.

— « L'assemblée, dit-il, a été entraînée, à son insu, loin de la véritable question. Il n'y a point ici de procès à faire, *Louis n'est point un accusé, vous n'êtes point des juges ;* vous êtes, vous ne pouvez être que des hommes d'État et les représentants de la nation. Vous n'avez point une sentence à rendre pour ou contre un homme mais une mesure de salut public à prendre, un acte de providence nationale à exercer (on applaudit)... La question fameuse qui vous occupe est décidée par ces seuls mots : Louis est détrôné par ses crimes ; Louis dénonçait le peuple français commme rebelle ; il a appelé, pour le châtier, les armes des tyrans ses confrères. La victoire et le peuple ont décidé que lui seul était rebelle. Louis ne peut donc être jugé, il est déjà condamné ; *il est condamné ou la République n'est point absoute* (applaudissements).... En effet, si Louis peut être ou non l'objet d'un procès, Louis peut être absous,

1. L. Blanc. *Op. cit.* VII. 428.

il peut être innocent ; que dis-je ? il est présumé l'être jusqu'à ce qu'il soit jugé. Mais si Louis peut être présumé innocent, que devient la Révolution ?.... Et l'on invoque en sa faveur la Constitution ! — La Constitution ? Elle vous défendait ce que vous avez fait contre lui. S'il ne pouvait être puni que de la déchéance, vous ne pouviez la prononcer sans avoir instruit son procès ; vous n'aviez pas le droit de le retenir en prison ; — la Constitution vous condamne[1]. »

C'est donc sur le droit de la souveraineté du peuple « en insurrection[2] » que s'appuieront ceux qui opineront pour la mort. Mais si c'est au nom de ce droit, indiscutable, paraît-il, que l'on va condamner Louis XVI, que faisait donc la Convention de ce droit divin d'une nouvelle espèce, lorsqu'elle prononçait la peine de mort contre ceux qui tenteraient de rétablir la royauté ? Ainsi le peuple pouvait tout, sauf se donner un roi, c'est le girondin Buzot qui l'affirme : « Une nation ne peut sans crime se donner un roi, » dit à son tour Robespierre. « Je prouverai.... que quand même on supposerait que le roi ne peut jamais être traduit devant aucune autorité constituée, cette prérogative s'évanouit devant l'autorité nationale, » avait dit Grégoire à la séance du 15 novembre !

Si c'est au nom de l'autorité nationale qu'on va juger le Roi, est-il bien sûr que la Convention représentait réellement cette autorité : « L'armée ne voulait pas la mort, écrit M. Michelet[3] ; la France ne la voulait pas, une minorité imperceptible la voulait ; et cependant les choses étaient tellement avancées, la question placée dans un point de vue si hasardeux qu'à sauver Louis XVI on risquait la République. » Mais la France l'avait-elle demandée cette République !

Non, car la Convention était loin de représenter la majorité des électeurs. Nous avons trouvé, en effet, d'après une moyenne prise sur des assemblées primaires dont nous sommes parvenu à nous procurer les procès-verbaux[4], que 630,000 électeurs sur

1. Buchez et Roux, *Hist. parlem.* XXI, 162-171.

2. « Le peuple en insurrection est la loi vivante, » s'écriait Robert pendant la séance du 13 novembre.

3. Michelet. *Op. cit.* IV, 336. « Les volontaires qui reviennent de l'armée paraissent fâchés de ce qu'on avait fait mourir ce Roi, et à cause de cela seul ils écorcheraient tous les Jacobins. » Schmidt, I. 240. (Rapport de Dutard, du 17 mai 1793.)

4. Revue de la Révolution. — G. Bord. *La Proclamation de la République*, 1re année, I. 313.

7.580,000[1] seulement avaient pris part au vote ; comme 25 % des électeurs du 2e degré s'abstinrent d'assister à la réunion électorale, 475,000 électeurs au plus furent représentés lors de l'élection des députés. Chaque conventionnel avait réuni en moyenne les 2/3 des voix, la Convention au complet représentait 315,000 suffrages, soit environ QUATRE POUR CENT de la totalité des citoyens actifs. La Convention n'avait donc pas le droit de parler au nom de la souveraineté du nombre, surtout lorsqu'on remarque que les jacobins employèrent la pression la plus excessive, les violences les plus inouïes pour faire triompher leurs candidats.

La condamnation de Louis XVI ne fut, pas plus que la proclamation de la République, l'expression des vœux de la majorité des Français. Lorsque cette République fut proclamée, grâce aux manœuvres de l'armée révolutionnaire [2], la majorité de la Convention s'attela à

1. Les chiffres donnés par M. Taine se rapprochent des nôtres. D'après les recherches de ce consciencieux historien, 600,000 électeurs auraient pris part au vote, sur 7 millions.

2. « Je me permettrai quelques mots sur la Convention nationale ; elle fut convoquée à la suite des événements du 10 Août, par la première législature qui succéda en 1791 à l'Assemblée constituante. La Convention était composée de 749 membres ; elle renfermait beaucoup d'hommes de grands moyens, parmi lesquels se trouvaient d'ardents novateurs, des partisans de la République, par conséquent ennemis déclarés de la monarchie, de la dynastie régnante dont ils déclarèrent la déchéance dès le 20 septembre et par un décret subséquent proclamèrent la République. Je partis de Dunkerque le 21 septembre 1792. J'appris l'abolition de la Royauté et l'établissement de la République le 22. M. Merlin, de Douai, député comme moi à la Convention, mon compagnon de voyage, ne put y croire, vu que ces décrets avaient été rendus avant la réunion générale de tous les députés nouvellement élus. Nos doutes se changèrent en réalité le lendemain, jour de notre arrivée à Paris, et le décret avait été rendu à la majorité des membres présents et pendant l'absence d'environ 500 députés non encore arrivés... — Arrivés à Paris dans la matinée du 24, nous nous rendîmes aux archives pour nous faire connaître. M. Merlin fut mon introducteur, car jusqu'alors je n'avais pas de pièces qui constatassent ma qualité de député, et sur l'assertion de M. Merlin, l'archiviste M. Camus m'enregistra et m'en délivra l'extrait. — De là nous fûmes au comité de l'inspection où M. Calon, son président, me délivra ma carte d'entrée à l'Assemblée sous le no 304. — *Sans nul doute, les 22 et 23 septembre il était arrivé un bon nombre de députés. L'Assemblée conventionnelle comptait en totalité 749 députés. Donc la Royauté fut abolie et la République fut décrétée et proclamée par tout au plus les deux cinquièmes de ses membres.* — Cette marche précipitée fut-elle légale ? La réponse est simple et aisée. La crainte des novateurs de ne pas réussir à substituer un gouvernement républicain au gouvernement monarchique et constitutionnel si la totalité des députés eût pris part à ce changement majeur et si important, les détermina à rendre ce décret... Telle était à mes yeux étonnés cette Convention à laquelle j'osais dire un jour, dans mon discours prononcé à la tribune, à l'occasion du jugement du malheureux Louis XVI : *Qu'elle représentait plutôt une arène de gladiateurs qu'un aréopage*

cette forme de gouvernement; par entraînement, par crainte plus que par conviction, elle se compromit avec la minorité jacobine et ces adeptes du *Contrat social* devinrent brusquement, violemment, des républicains zélés, farouches. Affolés, ils voteront tout ce que la minorité audacieuse leur demandera la menace à la bouche; pris de vertige, ils voudront creuser un abîme entre la France monarchique et la France révolutionnaire, et chacun craignant la défaillance du voisin, pour s'interdire tout retour, prendra la résolution de s'enchaîner comme les soldats de cette armée de Cimbres qui envahirent l'Italie; et ils espérèrent étouffer ainsi la royauté sous le poids de leurs chaînes.

M. Michelet, à la recherche d'une excuse, prétend que « beaucoup crurent qu'on ne pouvait passer la frontière que sur le corps du Roi, qu'il fallait un sacrifice humain, un homme immolé au Dieu des batailles [1]. » Le patriotisme aurait donc été la cause de ce retour aux sacrifices mystérieux des druides!

Le patriotisme de la Convention, qu'en devons-nous penser? Ne savait-elle pas bien qu'elle allait armer, contre la France, l'Europe entière, en lui jetant en défi une tête de Roi? Ces Brissotins qui, quelques mois avant, avaient voulu la guerre espérant la défaite; ces Montagnards qui avaient craint la victoire sous la Royauté, étaient-ils donc des patriotes?

En réalité on ne traita même pas Louis XVI en ennemi, car le droit de mort que donne la guerre cesse avec le combat, et les nations civilisées n'égorgent pas leurs prisonniers.

Ainsi cette nation, qui avait consacré les droits héréditaires de

de législateurs, et que si la nation assemblée pouvait être présente à nos délibérations, elle nous chasserait à coups de fouet. — Des murmures accueillirent cette phrase. Habitué à ces interruptions je repris ma phrase et je haussai la voix pour qu'elle fût bien comprise, laissant aux interrupteurs la honte de s'y reconnaître... — Il était évident pour tout homme réfléchi et bien pensant que le gouvernement républicain voté avant l'arrivée de tous les députés appelés à la Convention et par les deux cinquièmes seulement était illégal; il ne l'était pas moins que ce ne serait qu'un gouvernement transitoire et éphémère et que la France reviendrait un peu plus tard au gouvernement monarchique et probablement à la Constitution de 1791 décrétée, sanctionnée par le Roi et acceptée avec reconnaissance par la grande majorité des Français... »

(Souvenirs de Fockedey, député du département du Nord à la Convention nationale.)

1. Michelet *Op. cit.*, IV, 254.

Louis XVI en acceptant la Constitution, allait le condamner pour le punir de l'avoir acceptée! Cette nation lui avait dit : Tu es inviolable ; et dès que cette inviolabilité solennellement reconnue dérangeait ses projets, elle la supprimait !

Non, non, les jacobins supprimèrent le Roi, comme un criminel supprime les preuves de son crime.

III

On s'explique difficilement quels mobiles firent agir Louis XVI, lorsqu'il fut appelé à la barre de la Convention. Pourquoi n'employa-t-il pas un système de défense qui eût fort embarrassé les Jacobins : récuser ses juges. La Convention eût été singulièrement perplexe, car il est impossible à des juges de déclarer qu'ils jugeront quand même, dans ces conditions. Ils n'auraient eu d'autre ressource que l'appel au peuple, et lorsque plus tard ils s'y opposèrent, c'est qu'ils en prévirent le résultat : l'appel au peuple fut, en effet, repoussé, parce que les députés savaient combien la terreur ou l'indifférence avaient éloigné d'électeurs des scrutins ; ils craignaient de ne plus trouver les mêmes abstentions lorsqu'il s'agirait de sauver le Roi, car alors le vote se fût imposé impérieusement aux consciences timides ; les électeurs seraient inévitablement sortis de leur torpeur et qu'en serait-il résulté ? C'eût été une guerre à mort entre la Royauté et la Convention, guerre dont le résultat n'était pas douteux : l'appel au peuple rétablissait Louis XVI sur le trône de Henri IV et de Louis XIV.

Malheureusement Louis XVI, fort de sa conscience et dégoûté du pouvoir, eut trop de confiance dans sa bonne cause et ne mit aucune entrave aux projets de ses ennemis. On est tenté aussi de croire exact le récit de Beaulieu affirmant que Manuel et Kersaint lui avaient promis la vie sauve s'il signait une lettre engageant le roi de Prusse à battre en retraite après la canonnade de Valmy ; on est tenté de croire que l'infortuné monarque signa cette lettre lorsqu'on songe à l'attitude de ces deux députés lors de son procès.

Louis XVI accepta donc ses ennemis pour juges et répondit à toutes les questions qu'ils lui posèrent avec un calme et une dignité [1] qui arrachèrent à l'ignoble Marat l'aveu suivant : « Innocent, qu'il eût été grand à mes yeux dans cette humiliation [2]. »

Pour les faits antérieurs au 14 septembre 1791, le Roi répondit invariablement que l'acceptation de la Constitution par le peuple impliquait l'approbation de ses actes ; et pour les faits postérieurs à cette date, il dit avec raison qu'il n'avait fait qu'user des droits que lui donnait cette Constitution. Quant aux pièces qui lui furent présentées, il refusa d'en reconnaître un certain nombre.

La première question qui fut posée à la Convention était de savoir si Louis XVI était coupable. « D'après la législation en vigueur : 1° les jurés devaient être interrogés, non sur une seule question vague et générale de culpabilité, mais sur autant de questions distinctes qu'il y avait de délits spéciaux imputés à l'accusé ; ainsi il était monstrueux de faire résoudre par un seul et même vote les trente-quatre points sur lesquels avait porté l'interrogatoire de Louis XVI ; 2° la question de culpabilité sur chacun de ces points devait se diviser en deux questions, soumises séparément et successivement aux jurés, culpabilité matérielle, culpabilité intentionnelle [3]. »

La Convention ne fit aucune distinction de ce genre ; aussi n'est-il pas étonnant que les députés intimidés par les tribunes l'aient déclaré coupable presque à l'unanimité :

8 députés étaient malades, 20 absents par commission, 38 se récusèrent ou, tout en le déclarant coupable, ne se reconnurent pas le droit de le juger ; 683 votèrent la culpabilité.

On procéda ensuite à un second vote pour savoir si après le verdict on demanderait la ratification du peuple. En faisant scrupuleusement les pointages, voici ce que je trouve :

1. « Je me trouvais en face du Roi. Vous dépeindre l'émotion que j'éprouvais en voyant le prince qui m'avait reçu avec bonté, au mois de décembre 1791, conduit en criminel à la barre pour répondre à un acte d'accusation basé sur de fausses préventions de ses ennemis, serait chose difficile. — Enfin il fallut tout entendre. La contenance du Roi fut calme, majestueuse et imposante ; ses réponses précises, ses dénégations franches et absolues. Aussi le calme du prévenu contrastait avec l'agitation de la plupart de ceux qui avaient juré sa mort : leur figure contractée à chacune de ses réponses, l'impatience de voir terminer un interrogatoire qui les accusait déjà du régicide qu'ils méditaient, le sourire amer et sardonique qui contractait leurs lèvres aux réponses pleines de justesse de Louis, décelaient leurs noirs complots pour parvenir à son exécution. »

(*Souvenirs de Fockedey.*)

2. *Journal de la République.*

3. Mortimer-Ternaux. *Histoire de la Terreur.* V. 402.

286.............. oui;
425.............. non;
9.............. malades ;
9.............. se récusent ou refusent de voter ;
5.............. émettent un vote qui ne fût pas compté ;
20.............. absents par commission.

754

La Convention ne se composait cependant que de 749 membres ! Il est probable que 5 suppléants n'ayant pas le droit de siéger prirent part au vote, comme Gilbert par exemple, suppléant d'Ille-et-Vilaine, qui ne fut jamais appelé dans le sein de la Convention. Nous n'insisterons pas sur cette supercherie qui n'eût pas changé le résultat du scrutin. Remarquons cependant qu'il y eut aussi une erreur de 5 voix dans le premier pointage du vote sur la peine à appliquer[1].

Nous arrivons au vote solennel, qui va traîner la France, avec la Révolution, sur une pente fatale qu'elle ne remontera que sanglante et amoindrie : quelle peine sera appliquée au monarque détrôné ? Les jacobins le comprennent, il faut que le Roi meure ou qu'ils disparaissent ; aussi ont-ils réservé pour ce jour tous leurs arguments : les cris et les violences des tribunes, les menaces à l'entrée, rien n'est épargné. Nous n'entreprendrons pas de refaire le tableau de cette lugubre séance qui dura 37 heures. Que les lecteurs

1. Sous l'Empire, lorsque Jean Debry était préfet du Doubs, on « l'amena plusieurs fois, dans l'intimité de la conversation, à parler du jugement et de la condamnation de Louis XVI. Son vote pesait à sa conscience ; il ne l'excusait pas, il se bornait à l'expliquer. — « J'étais parti de chez moi, disait-il, avec l'intention formelle de voter le bannissement du Roi et non pas sa mort ; je l'avais promis à ma femme. Arrivé à l'assemblée, on me rappela d'un signe le serment des loges. Les menaces des tribunes achevèrent de me troubler : je votai la mort. » — Jean Debry ajoutait, d'un air mystérieux : « *On ne saura jamais si Louis XVI a été réellement condamné à la majorité de* CINQ *voix*. — Plusieurs croient que le bureau a pu modifier quelques votes, avec la complicité silencieuse de ceux qui les avaient donnés. On avait arrangé en conséquence le récit des séances du *Moniteur*. Quand même le vote était public, personne, excepté les membres du bureau, n'en avait le relevé absolument exact. La séance avait duré deux jours et une nuit, et cette longueur contribua à rendre incertain le résultat suprême. Mais on voulait en finir, et la fameuse majorité de cinq voix a été peut-être constatée à la dernière heure, pour s'épargner l'ennui d'un nouveau scrutin. » (N. Deschamps, *Les sociétés secrètes et la société*... II. 136.) Il semble résulter des documents produits par cet historien que la mort de Gustave III et celle de Louis XVI avaient été décidées, par les loges maçonniques, dès 1786.

roi des Français, coupable de conspiration contre la liberté de la nation et d'attentat contre la sûreté générale de l'État.

Art. 2. — La Convention nationale déclare que Louis Capet subira la peine de mort.

Le soir de la condamnation, Malesherbes tout en pleurs rentrait chez le Roi qu'il trouvait pensif, le visage couvert de ses deux mains : « Depuis deux jours, dit-il, je suis à chercher si j'ai, dans le cours de mon règne, pu mériter de mes sujets le plus léger reproche. Eh bien, Monsieur de Malesherbes, je vous jure, dans toute la sincérité de mon cœur, comme un homme qui va paraître devant Dieu, j'ai constamment voulu le bonheur de mon peuple, et n'ai pas formé un vœu qui lui fût contraire [1]. »

Louis XVI, ce roi débonnaire pendant la Révolution, ce roi qui n'avait eu qu'un tort, abdiquer tous ses droits dans un but d'humanité mal entendue, sut, par son attitude à la Convention et au Temple, reconquérir ce qu'il avait perdu. [2]

Nous ne pouvons terminer cet article sans rappeler les dernières protestations et les dernières volontés du roi-martyr :

« Je meurs innocent de tous les crimes que l'on m'impute, dit-il d'une voix ferme, je pardonne aux auteurs de ma mort et je prie Dieu que le sang que vous allez répandre ne retombe jamais sur la France. »

Lorsque le bourreau montra sa tête au peuple, les spectateurs crièrent : Vive la République !

En le faisant monter sur l'échafaud du 21 Janvier, les jacobins avaient cru tuer la Royauté ; ils avaient seulement assassiné un Roi.

1. *Journal de Malesherbes.*

2. « Le jour de l'exécution de Louis XVI « fut pour la France, et pour Paris surtout, un jour d'amertume, de douleur, d'effroi et de deuil. La capitale était dans les angoisses. La presque totalité des maisons et des boutiques étaient fermées, des familles entières en pleurs. La consternation se lisait sur tous les visages qu'on rencontrait. Une grande partie des gardes nationaux, sur pied dès six heures du matin, semblaient eux-mêmes aller au supplice. Non, les scènes dont j'ai été témoin ce jour-là ne s'effaceront jamais de ma mémoire. Que de larmes je vis couler ! Que d'imprécations j'entendis contre les auteurs d'un tel forfait ! Ma plume recule, elle s'arrête devant l'énumération de tout ce dont je fus le témoin oculaire et auriculaire. L'assemblée ce jour-là fut morne et silencieuse, les votants du régicide étaient pâles et défaits, ils paraissaient avoir horreur d'eux-mêmes. »

(Souvenirs de Fockedey.)

CONVENTION NATIONALE

LISTE DES DÉPUTÉS ET DES SUPPLÉANTS.

Les listes des Conventionnels qui ont été publiées jusqu'ici sont très incomplètes et les noms de la plupart des députés y figurent avec une orthographe inexacte ; les listes des suppléants sont encore plus insuffisantes.

Malgré de nombreuses recherches nous n'avons pu parvenir à trouver tous les manquants ni à nous assurer de l'exactitude de l'orthographe de tous les noms par l'examen des signatures.

Pour parvenir au résultat auquel nous sommes arrivés, nous avons dû compulser tous les procès-verbaux d'élection ; mais, pour plusieurs départements, il y eut deux et quelquefois trois élections successives : dans certains on remplaça, avant le 20 septembre, les députés qui avaient refusé ou opté pour un autre département, ainsi que les suppléants appelés à siéger ; dans d'autres, conformément au décret du 6 octobre 1792, on ne procéda à ces élections complémentaires qu'à l'époque du renouvellement des administrations départementales. Sauf pour le département du Cher, nous n'avons pu nous procurer ces derniers procès-verbaux.

Nous avons eu recours également au registre sur lequel devaient se faire inscrire les députés lorsqu'ils prenaient place à la Convention. Ce registre, tenu par l'archiviste Camus et par Capon, contient de nombreuses inexactitudes : les dates de première séance de beaucoup de députés ne correspondent pas à l'époque de leur entrée effective à la Convention ; lorsqu'un député arrivait à Paris, en se faisant inscrire aux archives, il faisait souvent inscrire toute la députation de son département ou une partie.

Tous les suppléants inscrits ne siégèrent pas à l'époque de leur inscription et même plusieurs ne siégèrent jamais ; plusieurs députés ou suppléants qui siégèrent ne furent pas inscrits.

Les députés qui n'étaient pas inscrits n'avaient pas légalement le droit de prendre part aux débats de la Convention, car l'inscription sur ce registre fut le seul contrôle que l'on imposa aux députés pour la validation de leur élection.

La liste que nous publions aujourd'hui est peut-être incomplète de quelques suppléants qui non seulement ne furent pas inscrits, mais encore ne siégèrent pas.

Il est impossible, la plupart du temps, de dire par quels suppléants furent remplacés les députés qui démissionnèrent, furent exclus de la Convention, ou moururent, car les irrégularités sont trop nombreuses. Les suppléants les premiers élus ne siégèrent pas toujours les premiers, comme cela devait se pratiquer; après le 31 mai les suppléants des Girondins et plus tard ceux des soixante-quatorze furent appelés à siéger; tous ne vinrent pas, et parmi ceux qui siégèrent plusieurs restèrent après le 9 Thermidor, malgré le retour dans le sein de la Convention de ceux qu'ils suppléaient.

Le nombre des suppléants se trouva par la suite tellement réduit que lorsqu'une vacance venait à se produire, c'était par la voie du tirage au sort qu'on désignait un des suppléants qui était appelé de la sorte à remplacer un député d'un département auquel il était absolument étranger. Tous les suppléants qui siégèrent après le 6 floréal an III furent désignés de cette manière. Aussi voyons-nous à cette époque certains départements à peine représentés, tandis que d'autres avaient une députation plus nombreuse qu'aux premières séances de la Convention[1].

1. La mention : *Ne figure pas au procès-verbal* veut dire qu'il n'est pas parlé de la nomination du député dans le premier procès-verbal (élections du 26 août-septembre). La mention : *Inscrit le.....* est la date de l'inscription aux archives sur le registre dont nous avons parlé. Lorsque l'année n'est pas indiquée, c'est de 1792 qu'il s'agit. Nous indiquons également le vote du député lors du troisième appel nominal, sur la peine à appliquer.

A

AGNÈS. Suppléant de la Manche. Ne siégea pas.

ALASSEUR, Pierre. Député du Cher. Inscrit le 20 septembre 1792. La détention, le bannissement à la paix.

ALBERT aîné, Jean-Bernard. Député du Haut-Rhin. Inscrit le 22 sept. La détention, le bannissement à la paix.

ALBITTE aîné, Antoine-Louis. Député de la Seine-Inférieure. Inscrit le 26 sept. La mort.

ALBITTE jeune, Jean-Louis. Suppléant de la Seine-Inférieure. Inscrit le 17 décembre 1792. Ne vota pas dans le procès de Louis XVI. Siégea.

ALBOUYS, Barthélemy. Député du Lot. Inscrit le 21 sept. La réclusion, le bannissement à la paix.

ALLAFORT, Jean. Député de la Dordogne. Inscrit le 26 sept. La mort.

ALLARD, Pierre. Suppléant de la Haute-Garonne. Inscrit le 2 ventôse an II. Siégea le 16 thermidor suivant.

* ALLASSEUR. Voy. Alasseur.

ALMERAS-LATOUR. Suppléant de l'Isère. Entré à la Convention le 24 avril 1795 par la voie du sort. Non inscrit au registre.

ALQUIER, Charles-Jean-Marie. Député de Seine-et-Oise. Inscrit le 3 octobre 1792. La mort avec sursis jusqu'à la paix, sauf le cas où le territoire de la République serait envahi.

AMADE. Suppléant du Gers. Ne siégea pas.

AMAR, André. Député de l'Isère. Inscrit le 29 sept. La mort.

AMYON DE POLIGNY, Jean-Claude. Député du Jura. Inscrit le 20 sept. La mort.

* ANDRÉ DE LOGNY, Charles-Michel. Elu député de l'Orne. Refusa. Remplacé par Thomas de la Prise.

ANDREI, Antoine-François. Député de la Corse. Inscrit le 12 novembre 1792. La réclusion pendant tout le temps nécessaire au salut public.

ANTHOINE, François-Paul-Nicolas. Député de la Moselle. Inscrit le 20 sept. La mort. Mort en mai 1793, fut probablement remplacé par Karcher, mais en brumaire an II seulement.

ANTIBOUL, Charles-Louis. Député du Var. Inscrit le 26 sept. La détention comme mesure de sûreté générale. Condamné à mort le 9 brumaire an II. Remplacé probablement par Cruvès.

AOUST (marquis d'), Jean-Marie. Député du Nord. Inscrit le 27 sept. La mort.

ARBOGAST, Louis-François-Antoine. Député du Bas-Rhin. Inscrit le 20 sept. La détention et le bannissement à la paix.

ARMONVILLE, Jean-Baptiste. Député de la Marne. Inscrit le 20 sept. La mort.

ARNAUT, Jacques. Suppléant de la Vendée. Inscrit le 25 sept. 1792. Je ne sais pour quelles raisons ce suppléant se fit inscrire à cette date, la représentation de la Vendée étant au complet.

* ARNAUD DE CORIO. Député de la Martinique. Ne siégea pas.

ARRIGHI, Jean. Suppléant de la Corse. Inscrit le 20 octobre 1792. Siégea à la Convention à partir du 9 octobre 1794.

* ARTAUD. Voy. Blauval-Artaud.

ARVERS, François. Suppléant de la Seine-Inférieure. Inscrit le 6 mars 1793.

ASSELIN, Eustache-Benoît. Député de la Somme. Inscrit le 22 sept. La détention et la déportation à la paix.

ASSELINE. Suppléant de la Meuse. Ne siégea pas.

* AUBIN. Voy. Champigny-Aubin.

AUBRY, François. Député du Gard. Inscrit le 20 sept. La mort, avec sursis jusqu'après la ratification de la Constitution par le peuple.

AUDOUIN, Pierre-Jean. Député de Seine-et-Oise. Inscrit le 21 sept. La mort.

AUDREIN, Yves-Marie. Député du Morbihan. Inscrit le 20 sept. La mort, avec la condition d'examiner s'il convient ou non de différer.

AUGER, Antoine-Augustin. Suppléant de l'Oise. Inscrit le 20 juillet 1793.

AUGUIS, Pierre-Jean-Baptiste. Député des Deux-Sèvres. Inscrit le 20 sept. La détention et le bannissement à la paix sous peine de mort.

AYRAL, Bernard. Député de la Haute-Garonne. Inscrit le 22 sept. La mort.

AZEMA, Michel. Député de l'Aude. Inscrit le 20 sept. La mort.

B

BABEY, Athanase-Marie. Député du Jura. Inscrit le 21 sept. La détention : le bannissement à la paix sous peine de mort.

BABY, J.-F. Suppléant de l'Ariège. Inscrit sans date.

BAGOT, Jean-Baptiste. Suppléant de la Guyane. Inscrit le 17 avril 1793.

BAILLEUL, Jacques-Charles. Député de la Seine-Inférieure. Inscrit le 21 sept. La détention.

BAILLY DE JUILLY, Edme-Louis-Barthélemy. Député de Seine-et-Marne. Inscrit le 20 sept. La détention ; le bannissement deux ans après la paix.

BAL, J.-M. Député du Mont-Blanc. Siégea peu de temps ; remplacé par Genin ; non inscrit.

BALIVET, Claude-François. Député de la Haute-Saône. Inscrit le 23 sept. La détention ; le bannissement à la paix.

BALLA, Joseph-François. Député du Gard. Inscrit le 24 sept.

BALLAND, Charles-André. Suppléant des Vosges. Remplaça François qui avait refusé. Inscrit le 1er oct. La détention ; le bannissement à la paix ; la mort néanmoins si le peuple la demande.

* BALLAND. Dans un *Tableau de la Convention nationale,* publié en 1793 chez Guillaume, on voit figurer par erreur un député de ce nom comme représentant de l'ancienne principauté de Salm. Non inscrit.

BALMAIN, Jacques-Antoine. Député du Mont-Blanc. Inscrit le 24 mars 1793. Ne figure pas au procès-verbal.

BANCAL, Henri. Député du Puy-de-Dôme. Inscrit le 20 sept. La détention comme otage, sous la condition de répondre sur sa tête de l'invasion du territoire français par l'ennemi ; le bannissement à la paix.

BAR, Jean-Etienne. Suppléant de la Moselle. Remplaça Barthélemy qui avait refusé. Inscrit le 23 oct. La mort.

BARAILON, Jean-François. Député de la Creuse. Inscrit le 20 sept. La détention comme mesure de sûreté, sauf à prendre par la suite telle autre mesure que le bien public exigera.

BARBAROUX, Charles-Jean-Marie. Député des Bouches-du-Rhône. Inscrit le 24 sept. La mort.

BARBEAU DU BARRAN, Nicolas. Député du Gers. Inscrit le 22 sept. La mort.

* BARD. Député du Mont-Blanc. Refusa. Remplacé par Dumas.

BARDY, François. Suppléant de la Haute-Loire. Rentra à la Convention le 27 prairial an III, par voie de tirage au sort.

BARÈRE DE VIEUZAC, Bertrand. Elu dans les Hautes-Pyrénées et dans la Seine-et-Oise, opta pour le premier département. Inscrit le 20 sept. La mort.

BARETY, Pierre. Député des Hautes-Alpes. Inscrit le 24 sept. La détention ; l'exil à la paix.

* BARLOW, Joël. Anglo-Américain. Membre du club de Londres. Figure par erreur dans la liste de Guillaume comme seul représentant du Mont-Blanc.

* BARRAN (du). Voy. Barbeau-Dubarreau.

BARRAS (vicomte de), Paul François-Jean-Nicolas. Suppléant du Var. Bien que les électeurs de ce département n'aient nommé que 7 députés, il siégea comme 8me dans le procès du Roi et vota la mort. Remplaçait-il Dubois-Crancé qui opta pour les Ardennes et dont l'élection ne figure pas au procès-verbal qui ne constate que son refus ? Inscrit le 14 décembre.

BARROT, Jean-André. Député de la Lozère. Inscrit le 22 sept. La déportation de Louis, de sa femme et de ses deux enfants, à titre de mesure de sûreté générale, dans une de nos îles les plus inaccessibles, à l'époque qui sera déterminée par la Convention ; ils y seront gardés par un corps de Parisiens et de Fédérés jusqu'à ce que cette mesure soit jugée inutile.

* BARTHÉLEMY. Député de la Moselle. Refusa et fut remplacé par Bar.

BARTHÉLEMY, Jean-André. Suppléant de la Haute-Loire. Remplaça Lanthenas. Siégeait pendant le procès de Louis XVI. Ne fut inscrit cependant que le 18 janvier 1793. La mort.

BASIRE, Claude. Député de la Côte-d'Or. Inscrit le 20 sept. La mort.

BASSAL, Jean. Député de Seine-et-Oise. Inscrit le 20 sept. La mort.

* BASSY. Voy. Carelli.

BATTELIER, Jean-Cœsar. Député de la Marne. Inscrit le 21 sept. La mort.

BAUCHETON fils, François. Député du Cher. Inscrit le 27 sept. La détention ; le bannissement à la paix.

BAUDIN, Pierre-Charles-Louis. Député des Ardennes. Inscrit le 20 sept. La réclusion et la déportation à la paix.

BAUDOT, Marc-Antoine. Député de Saône-et-Loire. Inscrit le 20 sept. La mort.

BAUDRAN, Mathieu. Député de l'Isère. Inscrit le 21 sept. La mort.

BAYLE, Moïse. Député des Bouches-du-Rhône. Inscrit sans date. La mort dans 24 heures.

BAYLE, Pierre-Marie. Député des Bouches-du-Rhône. Inscrit le 24 sept. La mort.

BAZOCHE, Claude-Hubert. Député de la Meuse. Inscrit le 21 sept. La détention comme otage. (Voy. Marquis.)

BEAUCHAMP, Joseph. Député de l'Allier. Inscrit le 22 sept. Absent par commission.

BEAUGEARD, Pierre-Jean-Baptiste. Député de l'Ille-et-Vilaine. Inscrit le 22 sept. La mort.

* BEAULIEU. Voy. Lafond de Beaulieu.

* BEAUVAIS. Voy. Lesterpt-Beauvais.

BEAUVAIS DE PRÉAUX, Charles-Nicolas. Député de Paris. Inscrit le 20 sept. La mort.

* BEAUVOIR. Voy. Beffroy de Beauvoir.

BECKER, Joseph. Député de la Moselle. Inscrit le 20 sept. La détention perpétuelle.

BEFFROY DE BEAUVOIR, Louis-Etienne. Député de l'Aisne. Inscrit le 25 sept. La mort.

BÉLIN, Jean-François. Député de l'Aisne. Inscrit le 20 sept. La détention et la mort si les puissances étrangères veulent le remettre sur le trône.

* BELLEGARDE. Voir Dubois de Bellegarde.

BELLEY, Jean-Baptiste. Député de Saint-Domingue. Inscrit le 15 pluviôse an II.

BELVIALA, Augustin. Suppléant de la Lozère. Inscrit le 22 pluviôse an III.

BENAZET-ROQUELAURY. Suppléant de l'Aude. Ne siégea probablement pas.

BENOISTON, Jean. Suppléant de la Loire-Inférieure. Ne siégea probablement pas.

BENTABOLE, Pierre. Député du Bas-Rhin. Inscrit le 20 sept. La mort.

BERAUD, Marcelin. Député de Rhône-et-Loire. Inscrit le 22 sept. La détention ; le bannissement à la paix.

BERGIER, Jean. Suppléant de la Creuse. Ne siégea probablement pas.

BERGOEING aîné, François. Suppléant de la Gironde. Remplaça Condorcet qui opta pour un autre département (?). Non inscrit. La réclusion.

BERLIER, Théophile. Député de la Côte-d'Or. Inscrit le 20 sept. La mort.

* BERNARD, Laurent. Voy. Laurens.

BERNARD, André. Suppléant de Rhône-et-Loire. Ne siégea probablement pas.

BERNARD DE SAINTES, André-Antoine. Député de la Charente-Inférieure. Inscrit sans date. La mort.

BERNARD DE SAINT-AFFRIQUE, Louis. Député de l'Aveyron. Inscrit le 2 oct. La détention dans un lieu sûr, jusqu'à ce que l'Assemblée juge le bannissement convenable.

BERNARD, Marc-Antoine. Suppléant des Bouches-du-Rhône. Non inscrit et ne figure pas au procès-verbal. Aurait remplacé Barbaroux le 20 août 1793. Dénoncé comme fédéraliste le 15 janvier 1794, par Barbeau du Barran, il fut condamné à mort le 3 pluviôse an II.

BERNARD DES SABLONS, Claude. Député de Seine-et-Marne. Inscrit le 20 sept. La mort avec sursis jusqu'à l'acceptation de la Constitution.

* BERNARDIN DE SAINT-PIERRE, Jacques-Henry. Elu député de Loir-et-Cher ; refusa. Remplacé par Venaille.

BERNIER, Louis-Toussaint-Cécile. Député de Seine-et-Marne. Inscrit le 20 sept. sous le nom de Benières. La détention jusqu'à l'acceptation de la Constitution, moment auquel le peuple en disposera suivant son intérêt.

BERTEZÈNE, Jean-Etienne. Suppléant du Gard. Remplaça Tavernel qui avait refusé. Inscrit le 10 janvier 1793. La mort avec sursis jusqu'après la tenue prochaine des assemblées primaires qui auront lieu pour la ratification de la Constitution.

BERTHON. Suppléant de la Gironde. Ne siégea probablement pas.

BERTRAND, Antoine. Suppléant du Cantal. Non inscrit. Suppléant de Carrier.

* BERTRAND, Jean. Elu député du Bas-Rhin, il refusa et fut remplacé par Ehrmann.

BERTRAND, Jacques-François-de-Paule. Suppléant de l'Oise. Inscrit le 18 pluviôse an III.

BERTRAND DE L'HODIESNIÈRE, Charles-Ambroise. Député de l'Orne. Non inscrit. La mort.

BERTUCAT, Mathieu-Nicolas. Député de Saône-et-Loire. Inscrit le 22 sept. La détention perpétuelle.

BESNARD, Pierre-Charles-Emmanuel. Député de la Réunion. Inscrit le 30 pluviôse an III.

* BESSÉ. Voy. Quentin de Bessé.

BESSON, Alexandre. Député du Doubs. Inscrit le 20 sept. La mort.

BEZARD, François-Siméon. Suppléant de l'Oise. Remplaça Payne qui opta pour un autre département. Inscrit le 22 sept. La mort.

BEZOUT, Etienne-Louis. Suppléant de Seine-et-Marne. Inscrit le 13 floréal an III. Appelé par le tirage au sort.

BIDAULT, Mathieu-Gervais. Suppléant de l'Eure. Ne figure pas au procès-verbal. Inscrit le 23 nivôse an II.

* BIEF (du). Voy. Blondeau du Bief.

BILLAUD-VARENNES, Jacques-Nicolas. Député de Paris. Inscrit le 20 sept. La mort dans 24 heures.

BION, Jean-Marie. Député de la Vienne. Inscrit le 20 sept. La détention et le bannissement à la paix.

BIROTHEAU, Jean-Baptiste. Député des Pyrénées-Orientales. Inscrit le 6 octobre 1792. La mort ; sursis jusqu'à la paix, et après l'expulsion des Bourbons.

BISSY jeune, Jacques-Antoine. Député de la Mayenne. Inscrit le 20 sept. La mort ; sursis jusqu'au moment où les puissances étrangères envahiraient le territoire français ; et dans le cas où elles ne feraient pas cette invasion et où la paix serait assurée, il demande que la Convention ou l'assemblée qui lui succédera délibère s'il y a lieu alors de commuer la peine.

BLACHET. Suppléant du Calvados. Ne siégea probablement pas.

BLAD, Claude-Antoine-Auguste. Député du Finistère. Inscrit le 20 sept. La mort avec sursis jusqu'au moment de l'expulsion des Bourbons.

BLANC, Claude. Suppléant de l'Ain. Inscrit le 20 germinal an II.

BLANC, François-Joseph. Député de la Marne. Inscrit le 20 sept. La réclusion ; le bannissement à la paix.

* BLANC, DE SERVAL. Voy. Le Blanc de Serval.

BLANQUI, Dominique. Député des Alpes-Maritimes. Inscrit le 22 mai 1793.

BLAUVAL-ARTAUD, Joseph. Député du Puy-de-Dôme. Inscrit le 23 sept. La mort.

BLAUX, Nicolas-François. Député de la Moselle. Inscrit le 21 sept. La détention ; le bannissement à la paix.

BLAVIEL, Antoine-Innocent. Suppléant du Lot. Inscrit le 14 mars 1793.

BLONDEAU DU BIEF. Suppléant du Doubs. Ne siégea probablement pas.

BLONDEL, Jacques. Suppléant des Ardennes. Inscrit le 30 sept.; remplaça probablement Raux qui avait refusé. La détention et néanmoins la mort, en cas d'invasion de la part de l'ennemi.

BLUTEL, Charles-Auguste-Esprit-Rose. Député de la Seine-Inférieure. Inscrit le 25 sept. La détention ; le bannissement à la paix.

BO, Jean-Baptiste. Député de l'Aveyron. Inscrit le 20 sept. La mort.

BODIN, Pierre-Joseph-François. Député d'Indre-et-Loire. Inscrit le 20 sept. La réclusion ; le bannissement sous peine de mort un an après la paix.

BOHAN, Alain. Député du Finistère. Inscrit le 20 sept. 1792. La mort.

BOILLEAU. Suppléant de l'Yonne. Ne siégea probablement pas.

BOILLEAU, Jacques. Député de l'Yonne. Inscrit le 20 sept. La mort.

BOIRON, Jean-Baptiste. Suppléant de Rhône-et-Loire. Inscrit le 7 août 1793.

BOISGUYON. Suppléant d'Eure-et-Loire. Ne siégea probablement pas.

* BOIS-LA-REINE. Voy. Thabaut-Bois-la-Reine.

* BOISSAULARD. Voy. Colombel.

BOISSET, Joseph. Député de la Drôme. Inscrit le 28 sept. La mort.

BOISSIER, Pierre-Bruno. Suppléant du Finistère. Inscrit le 7 août 1793.

BOISSIEU, Pierre-Joseph-Didier. Député de l'Isère. Inscrit le 29 sept. La détention ; le bannissement à la paix.

BOISSON, Joseph. Député de Saint-Domingue. Inscrit le 14 messidor an II.

BOISSY-D'ANGLAS, François-Antoine. Député de l'Ardèche. Inscrit le 22 sept. La détention ; le bannissement quand la sûreté publique le permettra.

BOLLET, Philippe-Albert. Député du Pas-de-Calais. Inscrit le 20 sept. La mort.

BOLOT, Claude-Antoine. Suppléant de la Haute-Saône. Inscrit le 20 sept. ; remplaça Forestier qui avait refusé. La mort.

BON, André-Jean, dit JEAN-BON-SAINT-ANDRÉ. Député du Lot. Inscrit le 22 sept. La mort.

BONGUYOD, Marc-François. Député du Jura. Inscrit le 20 sept. La détention perpétuelle, sauf à la commuer en déportation, suivant les circonstances.

BONNAIRE. Suppléant du Cher. Ne siégea probablement pas.

BONNEMAIN, Jean-Thomas. Député de l'Aube. Inscrit le 23 sept. La détention ; le bannissement à la paix.

BONNESŒUR-BOURGINIÈRE, Siméon-Jacques-Henri. Député de la Manche. Inscrit le 21 sept. La mort avec sursis, jusqu'à ce que l'acte d'accusation soit porté contre Marie-Antoinette et que la famille des Capets ait quitté la France

BONNET, Pierre-Frédéric-Dominique. Député de l'Aude. Inscrit le 21 sept. La mort.

BONNET-CHABANOLLE fils, Joseph-Balthasar. Député de la Haute-Loire. Inscrit le 22 sept. La mort.

BONNET DE MAUTRY, Pierre-Louis. Député du Calvados. Inscrit le 20 sept. Amendement de Mailhe.

BONNEVAL, Germain. Député de la Meurthe. Inscrit le 20 sept. La mort.

BONNIER D'ALCO, Ange. Député de l'Hérault. Inscrit le 20 sept. La mort.

BORDAS, Pardoux. Député de la Haute-Vienne. Inscrit le 20 sept. La détention.

* BORDERIE (de la). Voy. Genty de la Borderie.

BORDES, Paul-Joseph. Suppléant de l'Ariège. Inscrit le 15 floréal an III, remplaça Vadier, expulsé.

BOREL, Hyacinthe-Marcellin. Député des Hautes-Alpes. Inscrit le 24 sept. La détention, le bannissement à la paix.

BOISSY D'ANGLAS

BORIES-CAMBER, Etienne. Député de la Dordogne. Inscrit le 30 oct. La mort. — Inscrit souvent sous le nom de Cambort.

BORIES-CAMBER, Jean. Député de la Corrèze. Inscrit le 20 sept. La mort.

* BORNIER. Voy. Dutrou-Bornier.

BOUCHER-SAINT-SAUVEUR, Antoine. Député de Paris. Inscrit le 20 sept. La mort.

BOUCHEREAU, Augustin-François. Suppléant de l'Aisne. Inscrit le 8 novembre, remplaça Payne qui avait opté pour un autre département. La mort, avec un sursis qui sera déterminé par la Convention : propositions indivisibles.

BOUDIN, Jacques-Antoine. Député de l'Indre. Inscrit le 20 sept. La détention, la déportation à la paix.

BOUILLEROT, Alexis-Joseph. Suppléant de l'Eure. Inscrit le 22 sept., ne figure pas au procès-verbal ; probablement élu dans une élection complémentaire en remplacement de Brissot qui avait opté pour un autre département. La mort.

BOULAY, Nicolas. Suppléant de la Moselle. Ne siégea probablement pas.

BOUQUIER aîné, Gabriel. Député de la Dordogne. Inscrit sans date. La mort.

BOURBOTTE, Pierre. Député de l'Yonne. Inscrit le 20 sept. La mort.

BOURDON, Louis-Jean-Léonard. Député du Loiret, élu en remplacement de Brisson (et non Brissot), qui avait opté pour un autre département. Inscrit le 20 sept. La mort, l'exécution dans vingt-quatre heures.

BOURDON DE L'OISE, François-Louis. Député de l'Oise. Inscrit 20 sept. La mort.

BOURET, Henri-Gaspard-Charles. Suppléant des Basses-Alpes. Non inscrit. Remplaça probablement Maisse pendant son expulsion.

BOURGAIN, Denis-Guillaume. Suppléant de Paris. Inscrit le 1er oct.

BOURGEOIS, Jacques-François-Augustin. Député de la Seine-Inférieure. Inscrit le 20 sept. La détention, le bannissement à la paix.

BOURGEOIS, Nicolas. Député d'Eure-et-Loir. Inscrit le 4 oct. Absent par maladie.

* BOURGINIÈRE. Voy. Bonnesœur-Bourginière.

BOURSAULT, Jean-François. Suppléant de Paris. Inscrit le 27 mars 1793 ; remplaça Manuel.

BOUSQUET, François. Député du Gers. Inscrit le 22 sept. La mort.

BOUSSION, Pierre. Député de Lot-et-Garonne. Inscrit le 26 sept. La mort.

BOUTROUE, Laurent-Martial-Stanislas. Député de la Sarthe. Inscrit le 20 sept. La mort.

BOUYGUES, Jean-Pierre. Député du Lot. Inscrit le 21 sept. La réclusion.

BOYAVAL, Louis-Laurent. Député du Nord. Inscrit le 20 oct. La mort.

BOYER-FONFRÈDE, Jean-Baptiste. Député de la Gironde. Inscrit sans date. La mort.

BOZI, Jean-Baptiste. Député de la Corse. Inscrit le 12 novembre 1792. La détention, le bannissement à la paix.

BRÉARD aîné, Jean-Jacques. Député de la Charente-Inférieure. Inscrit le 24 sept. La mort.

BRESSON, Jean. Suppléant du Gard, ne figure pas au procès-verbal. Inscrit le 20 mai 1793.

BRESSON, Jean-Baptiste-Marie-François. Député des Vosges. Inscrit le 21 sept. La détention et le bannissement quand la tranquillité publique le permettra.

BRIAULT, Jacques. Suppléant des Deux-Sèvres. Ne siégea probablement pas.

BRIEZ, Constant-Joseph. Député du Nord. Inscrit le 18 décembre 1792. La mort.

BRIN dit BRUN, Jean. Député de la Charente. Inscrit le 24 sept. La mort.

BRISSON, Marcel. Député de Loir-et-Cher. Inscrit le 20 sept. Le procès-verbal de l'Assemblée électorale du Loiret fait mention d'un certain Brisson (et non Brissot) qui aurait été élu député. La mort.

BRISSOT, Jacques-Pierre. Élu député dans l'Eure et dans l'Eure-et-Loir, il opta pour ce dernier département. Inscrit le 20 sept. La mort, avec sursis, jusqu'à la ratification de la constitution par le peuple.

BRIVAL, Jacques. Député de la Corrèze. Inscrit le 30 sept. La mort dans le plus bref délai.

BRUE, Louis-Urbain. Suppléant du Morbihan. Inscrit le 7 frimaire an II.

* BRUN. Voy. Brin.

BRUNEL, Ignace. Député de l'Hérault. Inscrit le 24 sept. La réclusion, comme mesure de sûreté générale, sauf la déportation suivant les ci rconstances.

* BRUNERIE (DE LA). Voy. Faure de la Brunerie.

BUIRON-GAILLARD, Suppléant de Rhône-et-Loire. Ne siégea probablement pas.

BUISSIÈRE-LAFOREST, aîné, Étienne. Suppléant de Saint-Domingue. Inscrit le 14 messidor an II.

BUZOT, Nicolas-Léonard-François. Député de l'Eure. Inscrit le 22 sept. Amendement de Mailhe.

C

CABARROC, Antoine. Suppléant du Lot-et-Garonne. Inscrit le 9 frimaire an II.

CADROY, Paul. Député des Landes. Inscrit le 20 sept. La détention.

CALÈS, Jean-Marie. Député de la Haute-Garonne. Inscrit le 21 sept. La mort.

CALON, Étienne-Nicolas. Député de l'Oise. Inscrit le 20 sept. La mort.

CAMBACÉRÈS, Jean-Jacques-Régis. Député de l'Hérault. Inscrit le 24 sept. Les peines prononcées par le Code pénal avec sursis jusqu'à la paix ; alors faculté de commuer ces peines ; mais leur exécution rigoureuse dans les 24 heures de l'invasion qui pourrait être faite du territoire français par l'ennemi.

CAMBON, fils aîné, Joseph. Député de l'Hérault. Inscrit le 20 sept. La mort.

CAMBOULAS, Simon. Député de l'Aveyron. Inscrit le 14 octobre. La mort.

CAMPMARTIN, Pierre. Député de l'Ariège. Inscrit le 21 sept. La mort.

CAMPMAS, Pierre-Jean-Louis. Député du Tarn. Inscrit le 24 sept. La mort.

CAMUS, Armand-Gaston. Député de la Haute-Loire. Inscrit le 20 sept. Absent par commission.

CAMUS, Edme-Jean. Suppléant de la Marne. Inscrit le 28 sept.

CAPIN, Joseph. Député du Gers. Inscrit le 20 sept. La réclusion jusqu'à l'affermissement de la liberté, et le bannissement ensuite.

CARBONEL. Suppléant de la Manche. Ne siégea probablement pas.

CARELLI de BASSY (comte de Cevins), François-Jean-Baptiste. Député du Mont-Blanc. Ne figure pas au procès-verbal. Inscrit le 19 mars 1792.

CARNOT aîné, Lazare-Nicolas-Marguerite. Député du Pas-de-Calais. Inscrit le 20 sept. La mort.

CARPENTIER, Antoine-François. Député du Nord. Inscrit le 20 sept. La mort.

CARRÀ, Jean-Louis. Élu député dans la Charente, le Loir-et-Cher, l'Orne, la Somme et la Saône-et-Loire, il opta pour ce dernier département ; son nom ne figure pas sur le procès-verbal des Bouches-du-Rhône. Inscrit le 20 sept. La mort.

CARRIÉ. Suppléant de l'Aveyron. Ne siégea probablement pas.

CARRIER, Jean-Baptiste. Député du Cantal. Inscrit le 20 sept. La mort.

CASABIANCA, Luce. Député de la Corse. Inscrit le 14 novembre 1792. La détention, sauf aux représentants du peuple à prendre des mesures suivant les circonstances.

CASENAVE, Antoine. Député des Basses-Pyrénées. Inscrit le 12 novembre 1792. La détention, le bannissement à la paix.

CASSANYÈS, Joseph. Député des Pyrénées-Orientales. Inscrit le 20 sept. La mort.

CASTAING, Pierre. Suppléant de l'Orne. Ne figure pas au procès-verbal. Inscrit le 14 frimaire an II.

CASTILLON ou CASTILHON, Pierre. Député de l'Hérault. Inscrit le 24 sept. La réclusion et le bannissement à la paix.

CATTEY. Suppléant du Nord, ne siégea probablement pas.

CAVAIGNAC, Jean-Baptiste. Député du Lot. Inscrit le 21 sept. La mort.

CAVAILHAN. Suppléant de la Dordogne. Ne siégea probablement pas.

CAVENELLE. Suppléant des Pyrénées-Orientales, ne figure pas au procès-verbal et ne fut pas inscrit ; son nom figure, par erreur, sur la liste des députés siégeant en l'an III, à moins qu'il ait été élu dans une élection complémentaire.

CAYLA, Jean-Baptiste. Député du Lot. Inscrit le 18 octobre ; absent par maladie.

* CAYROL. Député de l'Aude. Refusa. Remplacé par....

CAZENEUVE (de), Ignace. Député des Hautes-Alpes. Inscrit le 20 sept. La détention, le bannissement à la paix.

CERISIER, Pierre-Joseph. Suppléant de la Marne. Inscrit le 7 novembre.

* CEVINS (comte de). Voy. Carelli.

* CHABANOLLE. Voy. Bonnet-Chabanolle.

CHABANON, Antoine-Dominique. Député du Cantal. Inscrit le 4 octobre. La détention, le bannissement à la paix.

CHABOT, François. Député de Loir-et-Cher. Inscrit le 20 septembre. La mort.

CHABOT, Georges-Antoine. Suppléant de l'Allier. Inscrit le 29 septembre. Le 15 mars 1795, remplaça Vidalin décédé.

CHAFFIN. Suppléant du Jura. Non inscrit.

CHAIGNARD, Vincent-François-Marie. Suppléant du Morbihan. Non inscrit. Admis en floréal an III, par voie du tirage au sort.

CHAILLON, Etienne. Député de la Loire-Inférieure. Inscrit le 22 sept. La réclusion ; la déportation à la paix.

CHALES, Pierre-Jacques-Michel, député d'Eure-et-Loir. Inscrit le 20 septembre. La mort.

* CHAMBARDEL. Voy. Dubreil-Chambardel.

CHAMBON. Suppléant des Pyrénées-Orientales. Non inscrit.

CHAMBON (Aubin-Bigorie du Chambon, dit). Député de la Corrèze. Inscrit le 20 septembre. La mort ; il demande que l'assemblée délibère promptement sur le sort des Bourbons.

CHAMBON DE LATOUR, Jean-Michel. Suppléant du Gard. Inscrit le 20 mai 1793. Siégea.

CHAMBORRE, Jean-Baptiste. Suppléant de Saône-et-Loire. Ne figure pas au procès-verbal. Inscrit le 31 juillet 1793.

* CHAMPEAUX. Voy. Palasne-Champeaux.

CHAMPIGNY-AUBIN, Louis. Suppléant d'Indre-et-Loire. Non inscrit, siégea.

CHAMPIGNY-CLÉMENT, René-Jean. Député d'Indre-et-Loire. Inscrit le 25 septembre. La mort.

CHAMPROBERT. Suppléant de la Nièvre. Non inscrit.

CHANTY. Suppléant du Puy-de-Dôme. Non inscrit.

CHANVIER, Claude-François-Xavier. Député de la Haute-Saône. Inscrit le 20 septembre. La détention, le bannissement à la paix.

CHAPELLE, Jean-André. Suppléant de Seine-et-Marne. Non inscrit.

* CHAPELLES. Inscrit par erreur sur la liste de Guillaume comme député de Bruxelles.

CHARBONNIER, Joseph. Député du Var. Inscrit le 22 septembre. La mort.

* CHARDRON. Député des Ardennes. Refusa; remplacé par.....

CHARLIER, Louis-Joseph. Député de la Marne. Inscrit le 20 septembre. La mort.

CHARREL, Pierre-François. Suppléant de l'Isère, remplaça Dubois-Crancé élu dans un autre département. Inscrit le 7 décembre. La mort.

CHASSEL, J.-J. Député de Rhône-et-Loire. Inscrit le 20 septembre. La détention, le bannissement à la paix.

CHASTELLAIN, Jean-Claude. Député de l'Yonne. Inscrit le 20 septembre. La détention, le bannissement à la paix.

CHATEAUNEUF-RANDON, Alexandre. Député de la Lozère. Inscrit le 23 septembre. La mort.

CHATRY-LAFOSSE l'aîné, Jacques-Samuel. Suppléant du Calvados. Inscrit le 10 germinal an III.

CHAUDRON-ROUSSEAU, Guillaume. Député de la Haute-Marne. Inscrit le 20 septembre. La mort.

CHAUMONT, Jean-François. Député d'Ille-et-Vilaine. Inscrit le 20 septembre. La mort.

CHAUVET, Antoine. Suppléant des Hautes-Alpes. Inscrit le 20 septembre 1792.

CHAUVIN-HERSANT, François-Augustin. Suppléant des Deux-Sèvres. Inscrit le 11 juillet 1793.

CHAVANNE, Marc. Suppléant de Saint-Domingue. Inscrit le 15 pluviôse an II.

CHAZAL fils, Jean-Pierre. Député du Gard. Inscrit le 20 septembre. Amendement de Mailhe.

CHAZAUD, Jean-François-Simon. Député de la Charente. Inscrit le 20 septembre. La mort.

* CHEDANNEAU. Voy. Feurtin-Chedanneau.

CHÉNIER (de), Marie-Joseph. Député de Seine-et-Oise. Inscrit le 20 septembre. La mort.

CHERRIER, Jean-Claude. Suppléant des Vosges. Inscrit le 21 nivôse an II.

CHEVALIER, Gilbert. Député de l'Allier. Inscrit le 20 septembre. Déclara son vœu inadmissible, parce qu'il n'a pu indiquer la peine sans la sanction du peuple, rejetée par un décret.

CHEVALIER-MALIBERT, Jacques. Député de la Sarthe. Inscrit le 21 septembre. La détention ; le bannissement à la paix.

CHIAPPE, Ange. Député de la Corse. Inscrit le 4 novembre. La détention ; la déportation à la paix.

* CHOLTIÈRE. Voy. Plaichard-Choltière.

CHOMEL. Suppléant de l'Ardèche. Inscrit sans date.

CHOUDIEU, Pierre-René. Député de Maine-et-Loire. Inscrit le 20 septembre. La mort.

CHRISTIANI, Marie-Frédéric-Henri. Suppléant du Bas-Rhin. Remplaça Dépinay qui avait refusé. Inscrit le 20 septembre. La détention ; le bannissement à la paix.

CLAUZEL jeune, Jean-Baptiste. Député de l'Ariège. Inscrit le 20 septembre. La mort.

CLAVÉ. Suppléant du Haut-Rhin. Non inscrit.

CLAVERYE, Jean-Baptiste-Joseph. Député de Lot-et Garonne. Inscrit le 4 octobre. La réclusion ; le bannissement à la paix.

CLEDEL, Étienne. Député du Lot. Inscrit le 20 septembre. La mort.

* CLÉMENT. Voy. Champigny-Clément.

CLOOTZ (le baron Anacharsis). Élu député dans Saône-et-Loire et dans l'Oise, opta pour ce dernier département. Inscrit le 20 septembre. La mort.

COCHET, Henry. Député du Nord. Inscrit le 20 septembre. La mort.

COCHON DE LAPPARENT, Charles. Député des Deux-Sèvres. Inscrit le 20 sept. La mort.

* COINCES (de). Voy. Delagueule.

COLAUD DE LA SALCETTE, Jacques-Bernardin. Député de la Drôme. Inscrit le 23 septembre. La détention, le bannissement à la paix ; néanmoins la mort en cas d'invasion du territoire par l'ennemi.

COLLOMBEL, Pierre. Suppléant de la Meurthe. Inscrit le 2 avril 1793.

COLLOT-D'HERBOIS, Jean-Marie. Député de Paris. Inscrit le 20 septembre. La mort.

COLOMBEL-DE-BOISSAULARD, Louis-Jacques. Suppléant de l'Orne, remplaça Gorsas, élu dans un autre Département. Inscrit le 3 octobre. La mort.

* COMBEROUSSE. Voy. Decomberousse.

CONDORCET (Caritat de), Marie-Jean-Antoine-Nicolas. Élu dans l'Eure, la Gironde, le Loiret, la Sarthe et l'Aisne ; il opta pour ce dernier département. Inscrit le 20 septembre. La peine la plus grave qui ne soit pas celle de mort.

CONTE, Antoine. Député des Basses-Pyrénées. Inscrit le 1er octobre. La détention ; le bannissement à la paix sous peine de mort.

CORBEL, Vincent-Claude. Député du Morbihan. Inscrit le 22 septembre. La détention comme otage, sauf les mesures ultérieures.

CORDIER, Michel-Martial. Député de Seine-et-Marne. Inscrit le 20 septembre. La mort.

CORINFUSTIER, Simon-Joseph. Député de l'Ardèche. Inscrit le 22 septembre. La détention, le bannissement à la paix.

* CORIO. Voy. Arnaud de Corio.

CORNILLEAU, René. Suppléant de la Sarthe. Inscrit le 26 germinal an III.

COSNARD, Pierre. Suppléant du Calvados. Inscrit le 9 août 1793.

COSTE. Suppléant de l'Hérault. Non inscrit.

COUHEY, François. Député des Vosges. Inscrit le 28 septembre. La détention ; l'exil après trois années de paix sous peine de mort.

COUPART, Jean-Julien. Suppléant des Côtes-du-Nord. Inscrit le 1er août 1793.

COUPÉ, Jean-Marie. Député de l'Oise. Inscrit le 20 sept. La mort.

COUPPÉ, Gabriel-Hyacinthe. Député des Côtes-du-Nord. Inscrit le 24 sept. La détention, le bannissement à la paix.

COURNÉ. Suppléant d'Ille-et-Vilaine. Non inscrit.

COURTOIS, Edme-Bonaventure. Député de l'Aube. Inscrit le 20 sept. La mort.

COUSTARD (de), Anne-Pierre. Député de la Loire-Inférieure. Inscrit le 22 sept. La réclusion, le bannissement à la paix.

COUTHON, Georges. Député du Puy-de-Dôme. Inscrit le 20 sept. La mort.

COUTISSON-DUMAS, Jean-Baptiste. Député de la Creuse. Inscrit le 20 sept. La réclusion, comme mesure de sûreté, sauf au souverain, lorsqu'il acceptera la constitution, à statuer en définitif sur le sort du tyran, ainsi qu'il avisera.

COUTURIER, Jean-Pierre. Député de la Moselle. Inscrit le 20 sept. Absent par commission.

CRASSOUS, Aaron-Jean-François. Député de la Martinique. Inscrit le 17 nivôse an II.

CRASSOUS, Joseph-Augustin. Suppléant de la Charente-Inférieure. Inscrit le 20 mai 1793.

CREUZÉ-LATOUCHE, Jacques-Antoine, député de la Vienne. Inscrit le 4 octobre. La détention et le bannissement à la paix.

CREUZÉ-PASCHAL, Michel. Député de la Vienne. Inscrit le 21 sept. La détention et le bannissement à la paix.

CREVELIER, Jacques. Suppléant de la Charente, remplaça Memineau qui avait refusé. Inscrit le 21 sept. La mort dans 24 heures.

CRUVÈS, Antoine. Suppléant du Var. Inscrit le 23 nivôse an II.

CUGUILLIÈRE. Suppléant de l'Aude. Non inscrit.

CURCIER. Suppléant de la Guadeloupe. Non inscrit.

CURÉE, Jean-François. Député de l'Hérault. Inscrit le 24 sept. La réclusion et la déportation à la paix.

CUSSET, Joseph. Député de Rhône-et-Loire. Inscrit le 21 sept. La mort.

CUSSY (de), Gabriel. Député du Calvados. Inscrit le 20 sept. La détention, le bannissement à la paix.

D

DABRAY, Joseph-Séraphin. Député des Alpes-Maritimes. Inscrit le 22 mai 1793.

DAMERON, Joseph-Charlemagne. Député de la Nièvre. Inscrit le 20 sept. La mort.

DANDENAC jeune, Jacques. Député de Maine-et-Loire. Inscrit le 20 sept. La déportation de tous les prisonniers du Temple.

DANDENAC aîné, Marie-François. Député de Maine-et-Loire. Inscrit le 20 sept. La réclusion, le bannissement à la paix.

DANJOU, Jean-Pierre. Suppléant de l'Oise. Inscrit le 18 nivôse, an II.

DANTON, Georges-Jacques. Député de Paris. Inscrit le 20 sept. La mort.

* DAOUST. Voy. Aoust (d').

DARIO, Blaise. Suppléant de la Haute-Garonne. Non inscrit. Appelé à la Convention, il fut dénoncé comme Girondin par Dubarrau et condamné à mort le 11 messidor an II.

DARTIGOYTE, Pierre-Armand. Député des Landes. Inscrit le 20 sept. La mort sans délai.

DARTONNE, Pierre-Germain. Suppléant du Loiret. Inscrit le 5 novembre.

DAUBERMESNIL, François-Antoine. Député du Tarn. Inscrit le 29 sept. Absent par maladie.

DAUNOU, Pierre-Claude-François. Député du Pas-de-Calais. Inscrit le 20 sept. La détention, la déportation à la paix.

DAUPHOLE, Jean-Pierre. Suppléant des Hautes-Pyrénées. Non inscrit.

DAUTRICHE, Jacques-Sébastien. Député de la Charente-Inférieure. Inscrit le 1er octobre. La détention jusqu'à la paix, sauf alors à la Convention, ou à la Législative qui lui succédera, à prendre des mesures ultérieures.

DAVID, Jacques-Louis. Député de Paris. Inscrit le 20 sept. La mort.

DEBOURGES, Jean. Député de la Creuse. Inscrit le 20 sept. S'abstint de voter, ne croyant pas qu'il eût reçu le pouvoir d'être juge.

DEBRY, Jean. Député de l'Aisne. Inscrit le 20 sept. La mort.

DECHÉZEAUX, Pierre-Charles-Daniel-Gustave. Député de la Charente-Inférieure. Inscrit le 20 sept. La détention, le bannissement, quand la tranquillité publique le permettra.

DECOMBEROUSSE, Benoît-Michel. Suppléant de l'Isère. Inscrit le 6 thermidor an III. Appelé par voie de tirage au sort.

DEFERMON, Jacques. Député d'Ille-et-Vilaine. Inscrit le 20 sept. La réclusion.

DEFRANCE, Jean-Claude. Député de Seine-et-Marne. Inscrit le 21 sept. La détention, le bannissement à la paix.

DEHOUZIÈRES, Louis-Armand. Suppléant d'Eure-et-Loir. Inscrit le 26 prairial an II.

DELACROIX, Jean-François. Député d'Eure-et-Loir. Inscrit le 24 sept. La mort.

DELACROIX, Charles. Député de la Marne. Inscrit le 20 sept. La mort.

DELAGUEULE DE COINCES, René-Louis. Député du Loiret. Inscrit le 20 sept. La mort.

DELAHAYE, Jacques-Charles-Gabriel. Député de la Seine-Inférieure. Inscrit le 30 sept. La détention, le bannissement à la paix.

DELAMARRE, Antoine. Député de l'Oise. Inscrit le 26 sept. La réclusion, le bannissement six mois après la paix, en énonçant toutefois que Louis pour ses crimes, avait mérité la mort.

DELAUNAY, aîné, Joseph. Député de Maine-et-Loire. Inscrit le 20 sept, La mort.

DELAUNAY, jeune, Pierre-Marie. Député de Maine-et-Loire. Inscrit le 24 sept. La réclusion, le bannissement à la paix.

DELBREIL, Pierre. Député du Lot. Inscrit le 22 sept. La mort, sous la condition expresse de surseoir jusqu'à ce que la Convention ait prononcé sur le sort des Bourbons.

DELCASSO, Laurent. Suppléant des Pyrénées-Orientales. Inscrit le 13 août 1793.

DELCHER, Joseph-Étienne. Député de la Haute-Loire. Inscrit le 22 sept. La mort.

DELCHEVERY, Jean-Baptiste. — Suppléant de la Réunion. Inscrit le 18 fructidor an II.

DELÉAGE, Jean-Joseph. Suppléant de l'Allier. Inscrit le 21 germinal an II.

DELECLOY, Jean-Baptiste-Joseph. Député de la Somme. Inscrit le 24 sept. La mort avec sursis jusqu'à la paix ; l'exécution néanmoins si l'ennemi paraît sur la frontière : propositions indivisibles.

DELEYRE, Alexandre. Député de la Gironde. Inscrit le 22 sept. La mort.

DELISLE, Alexandre-Edme-David. Suppléant de l'Aube. Inscrit le 21 frimaire an II. Remplaça Perrin.

* DELLEVILLE. Voy. Delville.

DELMAS, Jean-François-Bertrand. Député de la Haute-Garonne. Inscrit le 26 sept. La mort.

DELTEIL, Jean. Suppléant du Tarn. Inscrit le 9 août 1793.

DELVILLE, Philippe. Député du Calvados. Inscrit le 23 sept. La détention, le bannissement à la paix.

DENTZEL, Georges-Frédéric. Député du Bas-Rhin. Inscrit le 23 sept. Absent par commission.

* DÉPINAY. Député du Bas-Rhin. Non inscrit. Refusa ; remplacé par Christiani.

DEQUEN, Honoré-François. Suppléant de la Somme. Inscrit le 30 frimaire an II.

DEQUIN, Louis-Henri-René. Figure dans la biographie de Leipzig comme suppléant de l'Aisne, ayant siégé après le procès de Louis XVI. Ne figure pas au procès-verbal. Non inscrit.

DERAZEY, Eustache. Député de l'Indre. Inscrit le 20 sept. La réclusion, sauf la déportation suivant les circonstances.

DERENTY, François-Marie. Suppléant du Nord. Non inscrit. Siégea, appelé par le tirage au sort en floréal an III.

DESCHAMPS, Bernard. Député du Gers. Inscrit le 20 sept. La mort.

DESGRAVES, Georges. Suppléant de la Charente-Inférieure. Non inscrit. Siégea, appelé par le tirage au sort en floréal an III.

DESGROUAS, Charles-François-Michel-Étienne. Suppléant de l'Orne. Remplaça Carra élu dans un autre département. Inscrit le 11 octobre. La mort.

* DESGRUES Voy. Desrues.

* DESLANDES. Voy. Engerran-Deslandes.

* DESMARCHAIS. Voy. Guérin-Desmarchais.

DESMOULINS, Camille. Député de Paris. Inscrit le 20 sept. La mort.

DESPINASSY, Antoine-Joseph-Marie. Député du Var. Inscrit le 20 sept. La mort.

* DESRIVIÈRES. Voy. Gérard des Rivières.

* DESROSIÈRES. Voy. Dehouzières.

DESRUES, Philippe-François. Suppléant de Paris. Inscrit le 27 sept.

DETRICHÉ, Yves-Marie. Suppléant de la Mayenne. Inscrit le 23 floréal an III. Siégea, appelé par le tirage au sort.

DEVARS, Jean. Député de la Charente. Inscrit le 26 sept. La détention dans un lieu central de la République, le bannissement à la paix.

DEVÉRITÉ, Louis-Alexandre. Député de la Somme. Inscrit le 23 sept. La détention, le bannissement à la paix.

DEVILLE, Jean-Louis. Député de la Marne. Inscrit le 20 sept. La mort.

DEYDIER, Etienne. Député de l'Ain. Inscrit le 20 sept. La mort.

DHERBES-LATOUR, Pierre-Jacques. Député des Basses-Alpes. Inscrit le 20 sept. La mort.

* DHIRIART. Député des Basses-Pyrénées. Non inscrit. Refusa. Remplacé par Neveu.

* DHOULIÈRES. Voy. Houlières (de).

* DORIVENUX. Inscrit par erreur sur la liste de Guillaume, comme député de Salins.

DORMAY fils, Pierre-Joachim. Suppléant de l'Aisne. Inscrit le 3 ventôse, an II.

DORNIER, Claude-Pierre. Député de la Haute-Saône. Inscrit le 20 sept. La mort.

DOUBLET, Pierre-Philippe. Député de la Seine-Inférieure. Inscrit le 22 sept. La détention, le bannissement après l'affermissement de la République.

DOUGE, Jean-Claude. Député de l'Aube. Inscrit le 3 oct. La détention, le bannissement à la paix, comme mesure de sûreté générale.

DOULCET, marquis de Pontecoulant, Gustave. Député du Calvados. Inscrit le 20 sept. La détention, le bannissement à la paix.

* DREUVON. Député de la Haute-Marne, refusa. Remplacé par Waudelaincourt. Non inscrit.

DROUET, Jean-Baptiste. Député de la Marne. Inscrit le 20 sept. La mort.

DRULHE, Philippe. Député de la Haute-Garonne. Inscrit le 1er oct. La réclusion jusqu'à ce que les puissances de l'Europe aient reconnu l'indépendance de la République ; le bannissement alors, sous peine de mort.

* DUBARRAN. Voy. Barbeau.

DUBARRY, Sébastien. Suppléant de l'Allier. Ne figure pas au procès-verbal de sept. Inscrit le 5 février 1793.

* DUBIEF. Voy. Blondeau du Bief.

DUBIGNON, François-Marie. Député d'Ille-et-Vilaine. Inscrit le 20 sept. La détention jusqu'aux prochaines assemblées primaires, qui pourront confirmer la peine ou la commuer.

DUBOE, Pierre-François. Député de l'Orne. Inscrit le 24 sept. La réclusion pendant la guerre; le bannissement après la paix, l'affermissement du gouvernement républicain, et sa reconnaissance par les puissances de l'Europe ; et si, au mépris de pareilles mesures, quelques-unes de ces mêmes puissances envahissaient le territoire français, il condamne dès à présent Louis à perdre la tête aussitôt que la première prise d'une de nos villes frontières aura été officiellement connue des représentants de la nation.

DUBOIS, François-Louis-Esprit. Député du Haut-Rhin. Inscrit le 20 sept. La détention, le bannissement, quand la sûreté publique le permettra.

DUBOIS, Louis-Toussaint-Julien. Suppléant de l'Orne. Remplaça Sieyès. élu dans un autre département. Inscrit le 21 sept. La mort.

DUBOIS DE BELLEGARDE, Antoine. Signe Bellegarde. Député de la Charente. Inscrit le 26 sept. La mort.

DUBOIS DE CRANCÉ, Edmond-Louis-Alexis. Élu député dans les départements des Ardennes et de l'Isère et suppléant dans les Bouches-du-Rhône ; opta pour le département des Ardennes. Ne figure pas sur le procès-verbal du département du Var. Inscrit le 20 sept. La mort.

DUBOIS-DUBAIS, Louis-Thibaut. Député du Calvados. Inscrit le 26 sept. La mort avec sursis jusqu'au cas où une armée des puissances avec lesquelles on était en guerre ferait une invasion sur le territoire français, ou dès qu'une puissance se réunirait à nos ennemis pour nous faire la guerre.

DUBOUCHER OU DUBOUCHET, Pierre. Député de Rhône-et-Loire. Inscrit le 20 sept. La mort.

DUBOULOZ, Jean-Michel. Député du Mont-Blanc. Non inscrit.

— Un Jean-Michel Dubouloz est inscrit, le 18 avril 1793, comme député des Alpes-Maritimes.

DUBREIL-CHAMBARDEL, Pierre. Député des Deux-Sèvres. Inscrit le 20 sept. La mort.

DUBRŒUCQ, Jean-François. Suppléant du Pas-de-Calais. Inscrit 22 nivôse an II.

DUBUSC, Charles-François. Élu député de l'Eure pour remplacer Condorcet, qui avait opté pour un autre département. Inscrit le 26 sept. La détention ; le bannissement, quand la sûreté publique l'exigera.

* DUCHAMBON. Voy. Chambon.

DUCHATEL, Gaspard-Séverin. Député des Deux-Sèvres. Inscrit le 24 sept. Le bannissement.

DUCOS aîné, Jean-François. Député de la Gironde. Inscrit le 20 sept. La mort.

DUCOS aîné, Pierre-Roger. Député des Landes. Inscrit sans date. La mort.

DUFAY, Louis-Pierre. Député de Saint-Domingue. Inscrit le 15 pluviôse an II.

DUFESTEL. Député de la Somme. Non inscrit. La détention, le bannissement à la paix.

DUFRISCHE de VALAZÉ, Charles-Eléonor. Député de l'Orne. Inscrit le 20 sept. La mort ; sursis jusqu'à ce que l'Assemblée ait prononcé sur le sort de la famille de Louis.

DUGENNE ou DUGESNE, Elie-François. Député du Cher. Inscrit le 29 sept. La détention, le bannissement à la paix.

DUGOMMIER. Député de la Martinique. Inscrit le 27 février 1793.

DUGUÉ d'ASSÉ, Jacques-Claude. Député de l'Orne. Inscrit le 21 sept. La détention, le bannissement à la paix.

DUHEM, Pierre-Joseph. Député du Nord. Inscrit le 26 sept. La mort.

DULAURE, Jacques-Antoine. Député du Puy-de-Dôme. Inscrit le 20 sept. La mort.

* DUMANOIR. Voy. Hubert-Dumanoir.

* DUMAS, J.-B. Voy. Coutisson.

DUMAS, Jacques-Marie, Suppléant du Mont-Blanc, remplaça Bard qui avait refusé. Inscrit le 11 avril 1793.

DUMAS, Pierre. Suppléant de la Haute-Vienne. Non inscrit.

DUMONT, Louis-Philippe. Député du Calvados. Inscrit le 20 sept. La détention, le bannissement à la paix.

DUMONT, d'Oisemont André. Député de la Somme. Inscrit le 26 sept. La mort.

DUNIAGOU. Suppléant du Lot-et-Garonne. Non inscrit.

* DUPERRET. Voy. Lauze-Duperret.

DUPIN jeune, André. Député de l'Aisne. Inscrit le 20 sept. La peine la plus forte qui ne soit pas celle de mort.

* DUPLAIX. Voy. Taillandier du Plaix.

DUPLANTIER, Paul-Frontin. Député de la Gironde. Inscrit le 21 sept. Amendement de Mailhe.

DUPONT, Pierre-Charles. Député des Hautes-Pyrénées. Inscrit le 26 sept. La mort avec sursis jusqu'à l'expulsion de la famille des Bourbons.

DUPONT, Jacob. Député d'Indre-et-Loire. Inscrit le 20 sept. La mort.

DUPORT, Bernard-Jean-Maurice. Ne figure pas au procès-verbal. Inscrit le 24 mars 1793. Siégeait en fructidor an III.

DUPRAT cadet, Jean. Député des Bouches-du-Rhône. Inscrit le 24 sept. La mort.

DUPUCH, Elie-Louis. Député de la Guadeloupe. Inscrit le 17 septembre 1793.

DUPUY ou Dupuis, Charles-François. Député de Seine-et-Oise. Inscrit le 24 sept. La détention confiée à une garde départementale, jusqu'à l'affermissement de la Constitution, moment auquel le peuple prononcera sur le sort de Louis, comme il le jugera convenable.

DUPUY ou Dupuis, fils, Jean-Baptiste-Claude-Henri. Député de Rhône-et-Loire. Inscrit le 22 sept. La mort.

DUQUESNOY, Ernest. Député du Pas-de-Calais. Inscrit le 26 sept. La mort.

DURAND. Suppléant de l'Eure. Non inscrit.

DURAND-MAILLANE, Pierre-Toussaint. Député des Bouches-du-Rhône. Inscrit le 22 sept. La détention ; le bannissement à la paix, sous peine de mort.

* DUROCHER. Voy. Grosse-Durocher.

DU ROY, Jean-Michel. Député de l'Eure. Inscrit le 23 sept. La mort. Exécution sur-le-champ.

DUSAULX, Jean. Député de Paris. Inscrit le 20 sept. Le bannissement à la paix.

DUTROUB-ORNIER, Jean-Félix. Député de la Vienne. Inscrit le 20 sept. La détention ; le bannissement à la paix.

* DUTROUILLET. Voy. Raffron du Trouillet.

DUVAL. Suppléant de la Haute-Saône. Non inscrit.

DUVAL, Charles-François-Marie. Député d'Ille-et-Vilaine. Inscrit le 20 septembre. La mort.

DUVAL, Claude. Député de l'Aube. Inscrit le 3 octobre. La détention; le bannissement à la paix.

DUVAL, Jean-Pierre. Député de la Seine-Inférieure. Inscrit le 21 sept. La détention ; le bannissement à la paix.

* DUVERNOIS. Voy. Prieur-Duvernois.

DUVERNOY, Jean. Suppléant de la Nièvre. Non inscrit.

* DUVIGNAUD. Voy. Rivaud-Duvignaud.

* DUVIVIER. Inscrit par erreur sur la liste de Guillaume, comme député de Mons.

DYZÈS, Jean. Député des Landes. Inscrit le 20 sept. La mort.

E

EDOUARD, Jean-Baptiste. Suppléant de la Côte-d'Or. Inscrit le 11 floréal an II.

EHRMANN, Jean-François. Suppléant du Bas-Rhin, remplaça Bertrand qui avait refusé. Inscrit le 20 sept. Absent par maladie.

EMMERTH. Suppléant de la Gironde. Non inscrit.

ENGERRAN-DESLANDES, Jacques. Député de la Manche. Inscrit le 20 sept. La détention perpétuelle.

ENJUBAULT, Mathurin-Etienne. Député de la Mayenne. Inscrit le 22 sept. La mort avec sursis. (Voy. Bissy.)

ESNUE DE LA VALLÉE, François-Joachim. Député de la Mayenne. Inscrit le 26 sept. La mort.

ESCHASSERIAUX, aîné, Joseph. Député de la Charente-Inférieure. Inscrit le 20 sept. La mort.

ESCHASSERIAUX, jeune, René. Suppléant de la Charente-Inférieure. Inscrit le 30 août 1793.

ESCUDIER, JeanFrançois. Député du Var. Inscrit le 22 sept. La mort.

ESTADENS, Antoine. Député de la Haute-Garonne. Inscrit le 22 sept. La réclusion et l'expulsion à la paix.

EULART, Nicolas-François-Marie. Député du Pas-de-Calais. Inscrit le 29 sept. La déportation dans une de nos îles, pour y être détenu, et le bannissement de toutes les terres de la république à la paix.

EXPERT, Jean. Député de l'Ariège. Inscrit le 21 sept. La mort.

EZMARD, Jean. Suppléant de la Gironde. Ne figure pas au procès-verbal de septembre. Inscrit le 29 août 1793. Siégeait en Fructidor an III.

F

FABRE. Suppléant de la Dordogne. Non inscrit.

FABRE, Claude-Dominique-Cosme. Député de l'Hérault. Inscrit le 24 sept. La mort.

FABRE, Joseph. Député des Pyrénées-Orientales. Inscrit le 20 sept. Absent par maladie.

FABRE D'ÉGLANTINE, Philippe-François-Nazaire. Député de Paris. Inscrit le 20 sept. La mort.

FAUCHET, Claude. Député du Calvados. Inscrit le 20 sept. La détention, le bannissement à la paix.

FAURE, Amable. Suppléant de la Creuse. Inscrit le 12 nivôse an II.

FAURE, Balthazar. Député de la Haute-Loire. Inscrit le 20 sept. La mort, avec exécution dans le jour.

FAURE, Pierre-Joseph-Denis-Guillaume. Député de la Seine-Inférieure. Inscrit le 30 sept. La détention pendant la guerre.

FAUVRE DE LA BRUNERIE, Charles-Benoît. Député du Cher. Inscrit le 20 sept. La mort.

FAYAU, Joseph-Pierre-Marie. Député de la Vendée. Inscrit le 20 sept. La mort.

FAYE, Gabriel. Député de la Haute-Vienne. Inscrit le 20 sept. La détention et le bannissement à la paix.

FAYOLLE, Jean-Raymond. Député de la Drôme. Inscrit le 30 sept. La détention et le bannissement à la paix.

* **FAZILLAC.** Voy. Roux de Fazillac.

FENÈDE. Figure comme député de l'Orne dans le tableau de la Convention nationale ; ne figure pas au procès-verbal. Non inscrit.

FÉRAUD, Jean. Député des Hautes-Pyrénées. Inscrit le 26 sept. La mort.

* FERMON. Voy. Defermon.

FERRAND, Anthelme. Suppléant de l'Ain. Inscrit le 18 août 1793. Remplaça Mollet.

FERROUX, Étienne-Joseph. Député du Jura. Inscrit le 20 sept. La mort.

FERRY, Claude-Joseph. Député des Ardennes. Inscrit le 20 sept. La mort.

FEURTIN-CHEDANNEAU, Auguste-Roland-Jean-Antoine. Député de la Charente. Inscrit le 24 sept. La mort, avec sursis jusqu'à ce que l'Assemblée ait discuté s'il convenait ou non de différer l'exécution ; propositions indivisibles.

FINOT, Étienne. Député de l'Yonne. Inscrit le 21 sept. La mort.

FIQUET, Jean-Jacques. Député de l'Aisne. Inscrit le 20 sept. La réclusion et la déportation à la paix.

* FLAGÉAS. Voy. Rouzier de Flagéat.

FLEURY, Honoré-Marie. Député des Côtes-du-Nord. Inscrit le 27 sept. La détention ; le bannissement à la paix.

* FLORENT-GUIOT. Voy. Guiot de Saint-Florent.

FOCKEDEY, Jean-Jacques. Député du Nord. Inscrit le 23 sept. La détention de Louis et de sa famille ; leur bannissement quand le danger de la patrie n'existera plus.

FOREST, Jacques. Député de Rhône-et-Loire. Inscrit le 13 octobre. La détention ; le bannissement à la paix.

* FORESTIER. Député de la Haute-Saône. Refusa. Non inscrit. Remplacé par Bolot.

FORESTIER, Pierre-Jacques. Député de l'Allier. Inscrit le 20 sept. La mort dans les vingt-quatre heures.

FOUCHÉ, Joseph. Député de la Loire-Inférieure. Inscrit le 22 sept. La mort.

FOUCHER, Jacques. Député du Cher. Inscrit le 20 sept. La mort.

FOUQUIER D'HÉRONELLE, Augustin. Suppléant de l'Aisne. Inscrit le 6 décembre.

FOURCROY, Antoine-François. Suppléant de Paris. Inscrit le 2 novembre.

FOURMY. Jean-Denis. Suppléant de l'Orne. Inscrit le 27 sept. Remplaça Priestley qui avait refusé. La détention ; la déportation à la paix, sous peine de mort, à la condition de la ratification immédiate du peuple, à laquelle seront également envoyés les décrets d'abolition de la royauté, de l'unité et indivisibilité de la république, et de la peine de mort contre ceux qui tenteraient le rétablissement de la royauté.

FOURNEL, Marc-Antoine. Député du Lot-et-Garonne. Inscrit le 24 sept. La mort.

FOURNIER, Antoine. Suppléant de Rhône-et-Loire. Inscrit le 13 décembre. Remplaça Priestley qui avait refusé. La détention ; le bannissement à la paix.

FOURNIOLS, Michel. Suppléant de la Martinique. Non inscrit.

FOUSSEDOIRE, André. Suppléant de Loir-et-Cher. Remplaça Carra qui avait opté pour un autre département. Inscrit le 15 octobre. La mort.

FRAGET, Claude. Suppléant de Seine-et-Marne. Non inscrit.

FRANCASTEL, Marie-Pierre-Adrien. Suppléant de l'Eure. Inscrit le 23 novembre.

FRANCESCHETTI, Ambroise. Suppléant de la Corse. Non inscrit.

* FRANÇOIS DE NEUFCHATEAU, Nicolas. Député des Vosges. Refusa. Remplacé par Balland. Non inscrit.

* FRANÇOIS. Voy. Landry.

FRÉCINE, Augustin-Lucie. Député de Loir-et-Cher. Inscrit le 20 sept. La mort.

FRÉMANGER, Jacques. Député d'Eure-et-Loir. Inscrit le 20 sept. La mort.

FRÉRON, Stanislas. Député de Paris. Inscrit le 10 décembre. La mort dans les vingt-quatre heures.

FRICOT, François-Firmin. Suppléant des Vosges. Ne figure pas au procès-verbal. Inscrit le 12 messidor an III. — Siégeait en fructidor an III.

FROGER-PLISSON, Louis. Député de la Sarthe. Inscrit le 20 sept. La mort.

G

* GAILLARD. Voy. Buiron-Gaillard.

GAILLARD, Côme-François. Suppléant du Loiret. Inscrit le 3 novembre.

* GAILLARD DE KERBERTIN. Député du Morbihan. Refusa. Remplacé par Rouault. Ne figure pas au procès-verbal. Non inscrit.

GALAND, Pierre-Sébastien. Suppléant de Seine-et-Marne. Inscrit le 7 brumaire an III.

GAMON, Joseph-François. Député de l'Ardèche. Inscrit le 20 sept. La mort avec sursis jusqu'au cas où les ennemis reparaîtraient sur le territoire de la République.

GANTOIS, Jean-François. Député de la Somme. Inscrit le 26 sept. La détention, le bannissement à la paix.

GARDIEN, Jean-François-Martin. Député d'Indre-et-Loire. Inscrit le 20 sept. La réclusion ; la déportation à la paix.

GARILHE, François-Clément-Privat. Député de l'Ardèche. Inscrit le 23 sept. La détention, le bannissement à la paix.

GARNIER, Antoine-Marie-Charles. Député de l'Aube. Inscrit le 27 sept. La mort.

GARNIER DE SAINTES, Jacques. Député de la Charente-Inférieure. Inscrit le 28 sept. La mort.

GARNIER-ANTHOINE, Claude-Xavier. Suppléant de la Meuse. Inscrit le 2 septembre 1793.

GARNIER DE VIOLAINES, Charles-Louis-Antoine-Eugène. Suppléant du Pas-de-Calais. Inscrit le 9 oct. 1792. Siégea par suite du refus de Laiguillon. Ne figure pas au procès de Louis XVI.

GARNOT, Pierre-Nicolas. Député de Saint-Domingue. Inscrit le 14 messidor an II.

GAROS, Louis-Julien. Député de la Vendée. Inscrit le 20 sept. La mort.

GARRAN DE COULON, Jean-Philippe. Député du Loiret. Inscrit le 2 oct. 1792. La réclusion comme mesure de sûreté générale.

GARREAU, Pierre-Anselme. Député de la Gironde. Inscrit le 20 sept. La mort.

GASPARIN (DE), Thomas-Auguste. Député des Bouches-du-Rhone. Inscrit le 20 sept. La mort.

GASTON, Raymond. Député de l'Ariège. Inscrit le 20 sept. La mort.

GAUDEMET. Suppléant de la Côte-d'Or. Non inscrit.

GAUDIN, Joseph-Marie-Jacques-François. Député de la Vendée. Inscrit le 20 sept. La détention dans un lieu sûr, également éloigné de la Convention et des frontières, et le bannissement à la paix.

GAUTHIER, Antoine-François. Député de l'Ain. Inscrit le 23 sept. La mort.

GAUTHIER jeune, René-Claude. Député des Côtes-du-Nord. Inscrit le 24 sept. La détention perpétuelle.

GAY-VERNON, Léonard. Député de la Haute-Vienne. Inscrit le 20 sept. La mort.

GELIN, Jean-Marie. Député de Saône-et-Loire. Inscrit le 20 sept. La mort.

GÉNEVOIS, Louis-Benoist. Député de l'Isère. Inscrit le 22 sept. La mort.

GENIN, Jean-François. Suppléant du Mont-Blanc. Inscrit le 7 août 1793. Remplaça Bal, démissionnaire.

GENISSIEU, Jean-Joseph-Victor. Député de l'Isère. Inscrit le 26 sept. Amendement de Mailhe.

GENSONNÉ, Armand. Député de la Gironde. Inscrit le 20 sept. La mort. Il demande qu'afin de prouver à l'Europe que la condamnation de Louis n'est pas l'ouvrage d'une faction, la Convention délibère, immédiatement après son jugement, sur les mesures de sûreté à prendre en faveur des enfants du condamné, et contre sa famille; et qu'afin de prouver aussi qu'elle n'admet pas de privilèges contre les scélérats, elle enjoigne au ministre de la justice de poursuivre, par devant les tribunaux, les assassins et les brigands des 2, 3 et 4 septembre.

GENTIL, François. Député du Mont-Blanc. Non inscrit. On trouve un François Gentil inscrit le 18 avril 1793 comme député des *Alpes-Maritimes*.

GENTIL, Michel. Député du Loiret. Inscrit le 20 sept. La détention, la déportation à la paix.

GENTY DE LA BORDERIE, François Xavier. Suppléant de la Haute-Vienne. Non inscrit.

GEOFFROY jeune, Marie-Joseph. Député de Seine-et-Marne. Inscrit le 21 sept. La détention, la déportation à la paix.

GERARD DES RIVIÈRES, Jacob. Suppléant de l'Orne. Inscrit le 14 frimaire an II.

GERMINIAC, Jean-François. Député de la Corrèze. Inscrit le 20 sept. Mort avant le procès de Louis XVI. Remplacé le 9 janvier 1793, par Lafond.

GERTOUX, Brice. Député des Hautes-Pyrénées. Inscrit le 1er oct. 1792. La détention, le bannissement à la paix.

GIBERGUES, Pierre. Député du Puy-de-Dôme. Inscrit le 20 sept. La mort.

GILBERT. Suppléant d'Ille-et-Vilaine. Non inscrit.

GILLET, Pierre-Mathurin. Député du Morbihan. Inscrit le 22 sept. La détention de Louis ; son bannissement et celui de sa famille à la paix.

GIRARD, Barthélemy. Suppléant de la Lozère. Inscrit le 17 frimaire an II.

GIRARD, Antoine-Marie-Anne. Député de l'Aude. Inscrit le 24 sept. La mort.

GIRARD-VILLARS, Charles-Jacques-Étienne. Député de la Vendée. Inscrit le 20 sept. La détention, le bannissement à la paix, sous peine de mort, comme mesure de sûreté générale.

GIRAUD, Pierre-François-Félix-Joseph. Député de l'Allier. Inscrit le 20 sept. La mort avec demande d'un sursis, jusqu'à ce que la Convention ait pris des mesures de sûreté générale, propositions tellement indivisibles, que si on les séparait son vote serait sans effet.

GIRAUD, Marc-Antoine-Alexis. Député de la Charente-Inférieure. Inscrit le 24 sept. La détention, le bannissement à la paix.

GIRAUT, Claude-Joseph. Député des Côtes-du-Nord. Inscrit le 27 sept. La détention, le bannissement à la paix.

GIROT-POUZOL, Jean-Baptiste. Député du Puy-de-Dôme. Inscrit le 21 sept. La détention, le bannissement à la paix.

GIROUST, Jean-Jacques. Député d'Eure-et-Loire. Inscrit le 20 sept. La réclusion.

GLEIZAL, Claude. Député de l'Ardèche. Inscrit le 23 sept. La mort avec sursis jusqu'à l'expulsion des Bourbons, et les mesures de tranquillité publique.

GODEFROY, François-Marie. Député de l'Oise, Inscrit le 20 sept. Absent par commission.

GOMAIRE, Jean-René. (Signe Gomaire, bien qu'il ait été inscrit sur le registre de baptême sous le nom de Gomer. — Ses parents signaient Gomer.) Député du Finistère. Inscrit le 22 sept. La détention, le bannissement à la paix.

GORSAS, Antoine-Joseph. Élu député dans l'Orne et dans Seine-et-Oise, il opta pour ce dernier département. Inscrit le 20 sept. La détention, le bannissement à la paix sous peine de mort.

GOSSUIN, Constant-Joseph-César-Eugène. Député du Nord. Inscrit le 20 octobre. Absent par commission.

GOUDELIN, Guillaume-Julien-Pierre. Député des Côtes-du-Nord. Inscrit le 24 sept. La détention, le bannissement à la paix, sauf, en cas d'invasion du territoire français par l'ennemi, à faire tomber sa tête si le peuple le demande.

GOUJON, Jean-Marie-Claude-Alexandre. Suppléant de Seine-et-Oise. Inscrit le 20 germinal an II.

GOULY, Benoît-Louis. Député de l'Isle-de-France. Inscrit le 5 oct. 1793.

GOUPILLEAU de Fontenay, Jean-François-Marie. Député de la Vendée. Inscrit le 20 sept. La mort, exécution prompte.

GOUPILLEAU de Montaigu, Philippe-Charles-Aimé. Député de la Vendée. Inscrit le 20 sept. La mort.

GOURDAN, Charles-Claude-Christophe. Député de la Haute-Saône. Inscrit le 20 sept. La mort.

GOUZY, Jean-Paul-Louis. Député du Tarn. Inscrit le 20 sept. La mort avec sursis, jusqu'à ce que la Convention ait prononcé sur le sort de la famille des Bourbons.

GOYRE-LAPLANCHE, Léonard. Député de la Nièvre. Inscrit le 20 sept. La mort dans le plus bref délai.

GRAIZELÉ. Suppléant du Mont-Terrible. Non inscrit.

GRANDIN. Suppléant de la Seine-Inférieure. Non inscrit.

GRANET, François-Omer. Député des Bouches-du-Rhône. Inscrit le 24 sept. La mort dans 24 heures. En brumaire an II, avait changé ses noms de *François-Omer*, contre celui de *Factieux*.

GRANGENEUVE, Jacques-Antoine. Député de la Gironde. Inscrit le 20 sept. La détention.

GRÉGOIRE, Henri. Député de Loir-et-Cher. Inscrit le 20 sept. Absent par commission.

GRENOT, Antoine. Député du Jura. Inscrit le 20 sept. La mort.

GRENUS, Jacques. Suppléant du Mont-Blanc. Inscrit le 16 prairial an III.

GRIMMER, Jean-Gothard. Suppléant du Bas-Rhin. Inscrit le 9 ventôse an III.

GROSSE-DUROCHER, François. Député de la Mayenne. Inscrit le 20 sept. La mort.

GROUVELLE, Philippe-Antoine. Suppléant de Seine-et-Oise. Inscrit le 13 novembre 1792.

GUADET, Marguerite-Élie. Député de la Gironde. Inscrit le 20 sept. Amendement de Mailhe.

GUCHAN, Pierre. Suppléant des Hautes-Pyrénées. Non inscrit.

GUÉRIN, Henri-Paul. Suppléant de la Charente-Inférieure. Non inscrit.

GUÉRIN-DESMARCHAIS, Pierre. Député du Loiret. Inscrit le 20 sept. La détention, l'expulsion à la paix.

GUERMEUR, Jacques-Tanguy-Marie. Député du Finistère. Inscrit le 26 sept. La mort.

* GUEULLE (de la). Voy. Delagueulle.

GUEZNO, Mathieu. Député du Finistère. Inscrit le 22 sept. La mort.

GUFFROY, Armand-Benoît-Joseph. Député du Pas-de-Calais. Inscrit le 20 sept. La mort dans le délai de la loi.

GUILHERMIN. Député de la Guadeloupe. Mort en route. Remplacé par Lion.

GUILLEMARDET, Ferdinand-Pierre-Marie-Dorothée. Député de Saône-et-Loire. Inscrit le 20 sept. La mort.

GUILLERAULT-BACOIN, Jean-Guillaume. Député de la Nièvre. Inscrit le 26 sept. La mort.

GUILLERMIN, Claude-Nicolas. Député de Saône-et-Loire. Inscrit le 20 sept. La mort.

GUIMBERTEAU, Jean. Député de la Charente. Inscrit le 20 sept. La mort.

GUIOT DE SAINT-FLORENT, dit FLORENT GUIOT. Député de la Côte-d'Or. Inscrit le 21 sept. La mort.

GUITTARD, Jean-Baptiste. Suppléant du Haut-Rhin. Inscrit le 12 prairial an III.

GUITER, Joseph. Député des Pyrénées-Orientales. Inscrit le 11 oct. La détention, le bannissement à la paix.

GUMERY, Michel. Député du Mont-Blanc. Ne figure pas au procès-verbal. Inscrit le 4 avril 1793.

GUYARDIN, Louis. Député de la Haute-Marne. Inscrit le 20 sept. La mort, l'exécution dans 24 heures.

GUYARDIN, Simon-Nicolas. Suppléant de Seine-et-Marne. Inscrit le 17 octobre 1792.

GUYÈS, Jean-François. Député de la Creuse. Inscrit le 20 sept. La mort.

GUYET-LAPRADES, Pierre-Jules. Député de Lot-et-Garonne. Inscrit le 22 sept. La détention, le bannissement à la paix.

GUYOMAR, Pierre. Député des Côtes-du-Nord. Inscrit le 2 octobre. La détention et le bannissement à la paix, comme mesure de sûreté.

GUYTON-MORVEAU, Louis-Bernard. Député de la Côte-d'Or. Inscrit le 20 sept. La mort.

H

HAGUETTE, Antoine. Suppléant des Ardennes. Ne figure pas au procès-verbal. Inscrit le 21 avril 1793.

HARDY, Antoine-François. Député de la Seine-Inférieure. Inscrit le 21 sept. La détention, le bannissement à la paix.

HARMAND, Jean-Baptiste. Député de la Meuse. Inscrit le 20 sept. Le bannissement immédiat.

HAUSSMANN, Nicolas. Député de Seine-et-Oise. Inscrit le 20 sept. Absent par commission.

HAVIN, Léonard. Député de la Manche. Inscrit le 20 sept. La mort.

HECQUET, Charles-Robert. Député de la Seine-Inférieure. Inscrit le 21 sept. La détention, le bannissement à la paix, sous peine de mort.

HENRY-LARIVIÈRE. Pierre-François-Joachim. Député du Calvados. Inscrit le 20 sept. La détention, l'exil à la paix.

HENTZ, Nicolas. Député de la Moselle. Inscrit le 20 sept. La mort.

HERARD, Jean-Baptiste. Député de l'Yonne. Inscrit le 20 sept. La mort.

HÉRAULT DE SÉCHELLES, Marie-Jean. Élu dans la Somme et dans Seine-et-Oise, il opta pour ce dernier département. Inscrit le 20 sept. Absent par commission.

* HERBES-LATOUR (d'). Voy. Dherbes-Latour.

* HÉRONELLE. Voy. Fouquier d'Héronelle.

* HERSANT. Voy. Chauvin-Hersant.

HEUDELINE. Suppléant de la Manche. Non inscrit.

* HEURTAULT DE LAMERVILLE (vicomte de), Jean-Marie. Député du Cher. Refusa. Non inscrit. Fut remplacé immédiatement par les électeurs.

HIMBERT DE FLÉGNY, Louis-Alexandre. Député de Seine-et-Marne. Inscrit le 24 sept. La détention, le bannissement à la paix.

* HODIESNIÈRE. Voy. Bertrand de l'Hodiesnière.

HOULIÈRES (de), Louis-Charles-Auguste. Député de Maine-et-Loire. Inscrit le 20 sept. La réclusion de Louis, sa déportation à la paix, ainsi que celle de sa famille.

HOURIER-ELOY, Charles-Antoine. Député de la Somme. Non inscrit. La mort.

HUBERT-DUMANOIR, Jean-Michel. Député de la Manche. Inscrit le 20 sept. La mort.

HUGO, Joseph. Député des Vosges. Inscrit le 21 sept. Absent pour cause de maladie.

HUGUET, Marc-Antoine. Député de la Creuse. Inscrit le 20 sept. Amendement de Mailhe.

HUMBERT, Sébastien. Député de la Meuse. Inscrit le 20 sept. La détention, le bannissement à la paix, sous peine de mort.

HUMBLOT, suppléant de la Haute-Saône. Non inscrit.

I

ICHON, Pierre. Député du Gers. Inscrit le 24 sept. La mort.

IMBERT, Claude-Augustin. Suppléant de la Haute-Loire. Ne figure pas au procès-verbal. Inscrit le 18 février 1793.

INGRAND, François-Pierre. Député de la Vienne. Inscrit le 20 sept. La mort.

ISNARD, Maximin. Député du Var, pour le district de Grasse ; après l'annexion du comté de Nice fit partie de la députation des Alpes-Maritimes. Inscrit le 20 sept. La mort.

ISORÉ, Jacques. Député de l'Oise. Inscrit le 20 sept. La mort.

IZARN DE VALADY, Jacques-Godefroy-Charles-Sébastien-Jean-Joseph. Député de l'Aveyron. Inscrit le 26 sept. La détention au château de Saumur, jusqu'à ce que l'Autriche ait reconnu la République et que l'Espagne ait renouvelé ses traités.

IZOARD, Jean-François-Auguste. Député des Haute-Alpes. Inscrit le 24 sept. La détention, sauf à prendre, suivant les circonstances, des mesures ultérieures.

J

JAC, Jacques. Député du Gard. Inscrit le 24 sept. La mort, avec sursis jusqu'après l'acceptation de la Constitution par le peuple.

JACOB, Claude. Suppléant de Saône-et-Loire. Non inscrit.

JACOB, Dominique. Suppléant de la Meurthe. Inscrit le 22 juillet 1793.

JACOMIN, fils, Jean-Jacques-Hippolyte. Député de la Drôme. Inscrit le 28 sept. La mort.

JAGOT, Grégoire-Marie. Député de l'Ain. Inscrit le 20 sept. Absent par commission.

JAN-DUBIGNON. Voy. Dubignon.

JANOD. Suppléant du Jura. Non inscrit.

JANSON. Suppléant du Doubs. Non inscrit.

JARD-PANVILLIERS, Louis-Alexandre. Député des Deux-Sèvres. Inscrit le 20 sept. La détention, le bannissement à la paix.

JARY, Joseph. Député de la Loire-Inférieure. Inscrit le 22 sept. La réclusion, le bannissement à la paix.

JAURAND, Louis. Député de la Creuse. Inscrit le 20 sept. La détention, le bannissement un an après la paix.

JAVOGUES, fils, Claude. Député de Rhône-et-Loire. Inscrit le 27 sept. La mort.

JAY DE SAINTE-FOY, Jean. Député de la Gironde. Inscrit le 20 sept. La mort.

JEANNEST-LANOUE, Pierre-Edme-Nicolas. Suppléant de l'Yonne. Inscrit le 9 frimaire an II.

JEANNET-MOYRIA, Louis-François. Suppléant de l'Aube. Non inscrit.

JOHANNOT, Jean. Député du Haut-Rhin. Inscrit le 27 sept. Amendement de Mailhe.

JOLY-PILLOY. Suppléant de la Marne. Non inscrit.

JOSSE, Suppléant de la Marne. Non inscrit.

JOUBERT, Louis. Suppléant de l'Hérault. Inscrit le 10 pluviôse an II.

JOUENNE-LONCHAMP, Thomas-François-Ambroise. Député du Calvados. Inscrit le 20 sept. Amendement de Mailhe.

JOURDAN, Jean-Baptiste. Député de la Nièvre. Inscrit le 25 sept. La détention ; le bannissement au moment où la Convention ou la législature suivante croiront pouvoir, sans danger, procéder à l'exécution de ce décret.

JOURDAN, fils, Louis-Antoine. Suppléant de la Drôme. Non inscrit.

JOURDE, Gilbert-Amable. Suppléant du Puy-de-Dôme. Non inscrit.

JUHÉ DE LAUNAY, Auguste. Suppléant de la Manche. Inscrit le 17 prairial an II.

* JUILLY. Voy. Bailly de Juilly.

JULIEN, Jean. Député de la Haute-Garonne. Inscrit le 21 sept. La mort.

JULIEN, Marc-Antoine. Député de la Drôme. Inscrit le 23 sept. La mort.

K

KARCHER, Henry. Suppléant de la Moselle. Inscrit le 21 brumaire an II.

* KERBERTIN. Voy. Gaillard de Kerbertin.

KERSAINT DE COETNEMPREN. Armand-Guy-Simon. Député de Seine-et-Oise. Inscrit le 20 sept. L'ajournement de la peine à prononcer jusqu'après la guerre ; la détention jusque-là.

KERVÉLEGAN (le Goazre de), Augustin-Bernard-François. Député du Finistère. Inscrit le 22 sept. La détention, le bannissement à la paix.

L

LAA, Antoine. Suppléant des Basses-Pyrénées. Inscrit le 5 août 1793.

LABOISSIÈRE, Jean-Baptiste. Député du Lot. Inscrit le 20 sept. Amendement de Mailhe.

LABORDE. Suppléant de Seine-et-Marne. Non inscrit.

LACAZE, Jacques. Suppléant de la Gironde. Remplaça Sieyès qui avait opté pour un autre département. Inscrit le 24 sept. La réclusion jusqu'à la paix, ou jusqu'à ce que l'indépendance de la République soit reconnue; le bannissement ensuite.

* LACHAUX. Voy. Lombard-Lachaux.

LACOMBE, Joseph-Henri. Député de l'Aveyron. Inscrit le 3 octobre. Amendement de Mailhe.

LACOMBE-SAINT-MICHEL, Jean-Pierre. Député du Tarn. Inscrit le 20 sept. La mort.

LACOSTE. Suppléant du Gers. Non inscrit.

LACOSTE, Élie. Député de la Dordogne. Inscrit le 20 sept. La mort.

LACOSTE, Jean-Baptiste. Député du Cantal. Inscrit le 20 sept. La mort dans 24 heures.

LACRAMPE, Jean. Député des Hautes-Pyrénées. Inscrit le 26 sept. La mort.

* LACROIX, J.-F. Voy. Delacroix.

LACROIX, Michel. Député de la Haute-Vienne. Inscrit le 23 sept. La détention et le bannissement à la paix.

LAFOND DE BEAULIEU, Pierre-Raymond. Suppléant de la Corrèze. Inscrit le 9 janvier 1793. Remplaça Germiniac. Se récuse, n'ayant pas assisté aux débats.

* LAFOREST. Voy. Bussière-Laforest.

* LAFOSSE. Voy. Chatry-Lafosse.

LAGODRIE. Suppléant de la Vienne. Non inscrit.

LAGRANGE. Suppléant de Seine-et-Oise. Non inscrit.

LAGUIRE, Joseph. Député du Gers. Inscrit le 20 sept. La mort.

LAIGNELOT, Joseph-François. Député de Paris. Inscrit le 20 sept. La mort.

* LAIGUILLON. Suppléant du Pas-de-Calais. Refusa. Non inscrit.

LAKANAL, Joseph. Député de l'Ariège. Inscrit le 22 sept. La mort.

LALANDE, Luc-François. Député de la Meurthe. Inscrit le 20 sept. Le bannissement le plus prompt.

LALOUE, ou mieux, BELLAIR-LALOUE Jean. Suppléant du Puy-de-Dôme. Remplaça Payne, qui avait opté pour un autre département. Inscrit le 21 sept. La mort.

LALOY, Pierre-Antoine. Député de la Haute-Marne. Inscrit le 20 sept. La mort.

LALOY, aîné. Suppléant de la Haute-Marne. Non inscrit.

LAMARQUE, François. Député de la Dordogne. Inscrit le 20 sept. La mort.

LAMBERT DE BELAN, Charles. Député de la Côte-d'Or. Inscrit le 20 sept. La détention, le bannissement à la paix, à moins que le peuple n'investisse la législature suivante de pouvoirs pour prononcer définitivement sur son sort.

* LAMERVILLE, voy. Heurtault de Lamerville.

LANJUINAIS, Jean-Denis. Député d'Ille-et-Vilaine. Inscrit le 22 sept. La réclusion ; le bannissement à la paix, sous peine de mort.

LANOT, Antoine-Joseph. Député de la Corrèze. Inscrit le 20 sept. La mort dans les délais de la loi.

* LANOUE. Voy. Jeannest-Lanoue.

LANTHENAS, François. Élu député de la Haute-Loire, figure dans la représentation de Rhône-et-Loire, bien qu'il n'y ait pas de traces de son élection dans ce département. Inscrit le 20 sept. comme député du Rhône-et-Loire. André Barthélemy est inscrit comme remplaçant Lanthenas le 18 février 1793, dans la Haute-Loire. La mort ; sursis jusqu'à ce qu'on ait fait la paix avec les puissances belligérantes et que la Constitution soit parfaitement assise ; la proclamation de ce décret avec appareil, dans la République et dans toute l'Europe ; l'abolition de la peine de mort, le lendemain du jour qui suivra la décision de la Convention, en exceptant Louis, si ses parents et ses prétendus amis envahissent notre territoire.

LAPLAIGNE, Antoine. Député du Gers. Inscrit le 20 sept. La mort.

* LAPLANCHE. Voy. Goyre-Laplanche.

LAPORTE, Sébastien. Député du Haut-Rhin. Inscrit le 20 sept. La mort.

* LAPPARENT. Voy. Cochon de Lapparent.

* LAPRADES. Voy. Guyet-Laprades.

* LAPRISE. Voy. Thomas de la Prise.

LARABIT, Pierre. Suppléant de la Réunion. Inscrit le 21 fructidor an II.

* LARIVIÈRE. Voy. Henry-Larivière.

LAROCHE, Jean-Félix. Député de Lot-et-Garonne. Inscrit le 20 sept. La réclusion, le bannissement à la paix.

LASOURCE, Marc-David-Albin. Député du Tarn. Inscrit le 20 sept. La mort.

* LATOUCHE. Voy. Creuzé-Latouche.

* LATOUR. Voy. Almeras-Latour, Chambon-Latour et Dherbes-Latour.

* LAUNAY (de). Voy. Juhé de Launay.

* LAUNAY DE MAILLY. Député de la Somme. Refusa. Remplacé par Laudry. Non inscrit.

LAURENCE DE VILLEDIEU, André-François. Député de la Manche. Inscrit le 22 sept. La mort, sursis à l'exécution tant que l'Espagne ne fera pas la guerre à la France et jusqu'à ce que l'Allemagne ait consenti une paix honorable.

LAURENCEOT, Jacques-Henri. Député du Jura. Inscrit le 26 sept. La réclusion, le bannissement à la paix.

LAURENS, Bernard. Connu tantôt sous le nom de Laurent, tantôt sous celui de Bernard. Suppléant des Bouches-du-Rhône. Inscrit le 1er octobre. La mort.

LAURENT, Claude-Hilaire. Député du Bas-Rhin. Inscrit le 20 sept. La mort.

LAURENT, Jean-Blaise. Député de Lot-et-Garonne. Inscrit le 20 sept. La réclusion.

LAUZE-DUPERRET, Claude-Romain. Député des Bouches-du-Rhône. Inscrit le 20 sept. La réclusion, le bannissement à la paix.

* LAVALLÉE. Voy. Esnue de Lavallée et Varlet dit de la Vallée.

LA VICOMTERIE DE SAINT-SAMSON, Louis-Charles. Député de Paris. Inscrit le 20 sept. La mort.

LE BAS, Philippe-François-Joseph. Député du Pas-de-Calais. Inscrit le 20 sept. La mort.

LEBLANC, André. Suppléant de la Nièvre. Non inscrit.

LE BERTHON. Voy. BERTHON.

LEBLANC (ou Blanc) DE SERVAL, Jean-Baptiste-Benoît. Suppléant des Bouches-du-Rhône. Ne figure pas au procès-verbal. Non inscrit.

LE BON, Joseph. Suppléant du Pas-de-Calais. Inscrit le 3 juillet 1793.

LE BRETON, Roch-Pierre-François. Député d'Ille-et-Vilaine. Inscrit le 20 sept. La réclusion à perpétuité.

LECARLIER, Marie-Jean-François-Philbert. Député de l'Aisne. Inscrit le 21 sept. La mort.

LE CARPENTIER, Jean-Baptiste. Député de la Manche. Inscrit le 20 sept. La mort.

LECLERC, Jean-Baptiste. Député de Maine-et-Loire. Inscrit le 20 sept. La mort.

LECLERC, Marien. Suppléant de la Creuse. Inscrit le 27 août 1793.

LECLERC, Claude-Nicolas. Député de Loir-et-Cher. Inscrit le 22 sept. La détention perpétuelle.

LECOQ. Suppléant de la Charente. Non inscrit.

LECOINTE-PUYRAVEAU, Michel-Mathieu. Député des Deux-Sèvres. Inscrit le 20 sept. La mort.

LECOINTRE, Laurent. Député de Seine-et-Oise. Inscrit le 26 sept. La mort.

LECOMTE, Pierre. Suppléant de la Seine-Inférieure. Inscrit le 24 juillet 1793.

LE DISSEZ DE PENANRUN, Pierre. Suppléant des Côtes-du-Nord. Non inscrit.

LE FEBVRE, Julien. Député de la Loire-Inférieure. Inscrit le 20 sept. La réclusion, la déportation à la paix.

LEFEVRE DE CHAILLY, Pierre-Louis-Stanislas. Député de la Seine-Inférieure. Inscrit le 25 sept. La détention, le bannissement à la paix.

LEFIOT, Jean-Alban. Député de la Nièvre. Inscrit le 20 sept. La mort.

LEFRANC, Jean-Baptiste. Député des Landes. Inscrit sans date. La réclusion, le bannissement à la paix.

LEGENDRE, François-Paul. Député de la Nièvre. Inscrit le 4 octobre. La mort.

LEGENDRE, Louis. Député de Paris. Inscrit sans date. La mort.

LE PELLETIER DE SAINT-FARGEAU

* LE GOAZRE. Voy. Kervélegan.

LEGOT, Alexandre. Député du Calvados. Inscrit le 20 sept. La détention, le bannissement à la paix.

LEHARDY, Pierre. Député du Morbihan. Inscrit le 22 sept. La détention de Louis, son bannissement et celui de tous les Bourbons après l'acceptation de la Constitution par le peuple.

LEHAULT-BAINVILLE, Bernard-Pierre. Suppléant de la Sarthe. Inscrit le 26 nov. 1792.

LEJEUNE, Sylvain. P. Député de l'Indre. Inscrit le 20 sept. La mort.

LEJEUNE, René-François. Député de la Mayenne. Inscrit le 26 sept. La détention perpétuelle.

LEMAIGNAN, Julien-Camille. Député de Maine-et-Loire. Inscrit le 21 sept. La détention, le bannissement à la paix.

LE MALLIAUD, Joseph-François. Député du Morbihan. Inscrit le 22 sept. La détention, le bannissement à la paix, sous peine de mort.

LEMANE, Antoine. Député de Mont-Terrible. Inscrit le 4 mai 1793.

LEMARCHAND. Député de la Réunion. Inscrit le 18 fructidor an II.

LEMARÉCHAL, Denis. Député de l'Eure. Inscrit le 24 sept. La détention, le bannissement à la paix.

LEMOINE, Jean-Claude. Suppléant de la Haute-Loire. Inscrit le 1er octobre 1793.

LEMOINE, Joachim-Thaddée-Louis. Suppléant du Calvados. Inscrit le 7 pluviôse an II.

LEMOINE-VILLENEUVE, Jean-Angélique. Député de la Manche. Inscrit le 20 sept. La mort.

LEPAGE DE LINGERVILLE, Louis-Pierre-Nicolas-Marie. Député du Loiret. Inscrit le 20 sept. La détention, le bannissement à la paix.

LE PELETIER-DE-SAINT-FARGEAU, Louis-Michel. Député de l'Yonne. Inscrit le 20 sept. La mort.

LE PRÉDOUR, Louis-Joseph-Marie. Suppléant du Finistère. Non inscrit.

LEPREUX. Suppléant de Seine-et-Marne. Non inscrit.

LEQUINIO, Joseph-Marie. Député du Morbihan. Non inscrit.

LE SAGE, Denis-Toussaint. Député d'Eure-et-Loire. Inscrit le 20 sept. Amendement de Mailhe.

LESAGE-SENAULT, Gaspard-Jean-Joseph. Député du Nord. Inscrit le 20 sept. La mort ; l'exécution dans 24 heures.

LESPINASSE, Jean-Joseph-Louis. Suppléant de la Haute-Garonne. Inscrit le 10 germinal an III.

LESTERPT-BEAUVAIS, Benoist. Député de la Haute-Vienne. Inscrit le 20 sept. La mort avec sursis jusqu'au cas où l'ennemi envahirait les frontières ; et, en cas de paix, jusqu'à ce que la Convention le juge nécessaire.

LESTERPT, aîné, Jacques. Suppléant de la Haute-Vienne. Inscrit le 27 pluviôse an III.

LE TOURNEUR, Emmanuel-Pierre. Suppléant de la Sarthe. Remplaça Condorcet qui avait opté pour un autre département. Inscrit le 20 sept. La mort.

LE TOURNEUR, Charles-Louis-François-Honoré. Député de la Manche. Inscrit le 20 sept. La mort.

LEVASSEUR, René. Député de la Sarthe. Inscrit le 20 sept. La mort.

LEVASSEUR, Antoine-Louis. Député de la Meurthe. Inscrit le 20 sept. La mort.

LEYRIS, Augustin-Jacques. Député du Gard. Inscrit le 20 sept. La mort.

* LHUILLIER. Voy. Lulier.

LIDON, Bernard-François. Député de la Corrèze. Inscrit le 20 sept. Amendement de Mailhe.

LIGERET, François. Suppléant de la Côte-d'Or. Inscrit le 7 nivôse an II.

LINDET, Jean-Baptiste-Robert. Député de l'Eure. Inscrit le 20 sept. La mort.

LINDET, Robert-Thomas. Député de l'Eure. Inscrit le 23 sept. La mort.

LION, Pierre-Joseph. Suppléant de la Guadeloupe. Inscrit le 6 octobre 1793. Remplaça Guilhermin mort en route.

* LISSONNAY. Voy. Porcher.

LITTÉE, Janvier. Député de la Martinique. Inscrit le 17 sept. 1793.

LOBINHES, Louis. Député de l'Aveyron. Inscrit le 3 octobre. La détention, le bannissement à la paix.

LOFFICIAL, Louis-Prosper. Député des Deux-Sèvres. Inscrit le 2 octobre. La détention, la déportation à la paix.

LOISEAU, Jean-François. Député d'Eure-et-Loire. Inscrit le 20 sept. La mort.

LOISEL, Pierre. Député de l'Aisne. Inscrit le 20 sept. La mort avec sursis jusqu'à l'acceptation par le peuple de la nouvelle Constitution.

* LOISELLERIE. Voy. Maulde-Loisellerie.

LOLIVIER, Jean-Baptiste. Suppléant de la Meuse. Inscrit le 9 octobre.

LOMBARD-LACHAUX, Pierre. Député du Loiret. Inscrit le 20 sept. La mort.

LOMONT, Claude-Jean-Baptiste. Député du Calvados. Inscrit le 20 sept. La détention, la déportation à la paix.

LOMONT, François. Suppléant du Calvados. Non inscrit.

LONCLE, René-Charles. Député des Côtes-du-Nord. Inscrit le 28 sept. La mort.

* LONGCHAMP. Voy. Jouenne-Longchamp.

LONQUEUE, Louis. Suppléant d'Eure-et-Loire. Ne figure pas au procès-verbal. Inscrit le 14 juillet 1793.

LOUCHET, Louis. Député de l'Aveyron. Inscrit le 26 sept. La mort dans le plus bref délai.

LOUIS, Jean-Antoine. Député du Bas-Rhin. Inscrit le 20 sept. La mort.

LOUVET DE COUVRAY, Jean-Baptiste. Élu député du Loiret pour remplacer Condorcet qui avait opté pour un autre département. Inscrit le 20 sept. La mort, sous la condition expresse de surseoir jusqu'après l'établissement de la Constitution.

LOUVET, Pierre-Florent. Député de la Somme. Inscrit le 20 sept. La détention, le bannissement à la paix.

LOZEAU, Paul-Augustin. Député de la Charente-Inférieure. Inscrit le 20 sept. La mort.

LUDOT, Antoine-Nicolas, dit Ludot-Cadas, fils. Suppléant de l'Aube. Inscrit le 21 août 1793.

LULIER, Louis-Marie. Suppléant de Paris. Inscrit le 17 novembre 1792.

M

MAGE. Suppléant de la Manche. Non inscrit.

MAIGNEN, François. Député de la Vendée. Inscrit le 20 sept. La mort.

MAIGNET, Etienne-Christophe. Député du Puy-de-Dôme. Inscrit le 20 sept. La mort.

MAIGNIEZ, Antoine-Ghislain. Député du Pas-de-Calais. Inscrit le 9 octobre. La détention, le bannissement à la paix.

MAILHE, Jean-Baptiste. Député de la Haute-Garonne. Inscrit le 20 sept. La mort, mais si la mort a la majorité, il croit qu'il serait digne de la Convention d'examiner s'il ne serait pas utile de retarder le moment de l'exécution.

MAILHE, Joseph. Député du Cantal. Inscrit le 20 sept. Absent.

MAILHE, Pierre. Suppléant du Cantal. Inscrit le 17 janvier 1793.

MAILLY, Antoine. Député de Saône-et-Loire. Inscrit le 22 sept. La mort.

MAINVIELLE aîné, Pierre. Suppléant des Bouches-du-Rhône. Inscrit le 25 janvier 1793.

MAISSE, fils, Marius-Félix. Député des Basses-Alpes. Inscrit le 3 oct. La mort.

MALLARMÉ cadet, François-René-Auguste. Député de la Meurthe. Inscrit le 20 sept. La mort.

MALLET, Charles-Philippe. Suppléant du Nord. Inscrit le 28 mai 1793.

MAMAROT. Suppléant de l'Ardèche. Inscrit sans date.

MANUEL, Pierre-Louis. Député de Paris. Inscrit le 20 sept. La détention dans un fort, ailleurs qu'à Paris, jusqu'à ce que l'intérêt public permette la déportation.

MAQUART, Jean-Nicolas. Suppléant des Ardennes. Non inscrit.

MARAIGUES. Suppléant de la Haute-Marne. Non inscrit.

MARAS, fils, Claude-Julien. Suppléant d'Eure-et-Loire. Inscrit le 23 nivôse an II.

MARAT, Jean-Paul. Député de Paris. Inscrit le 20 sept. La mort dans 24 heures.

MARBOS, François. Député de la Drôme. Inscrit le 29 sept. La détention.

MARCOZ, Jean-Baptiste-Philippe. Député du Mont-Blanc. Ne figure pas au procès-verbal. Inscrit le 2 avril 1793.

MAREC, Pierre. Député du Finistère. Inscrit le 25 sept. La détention, le bannissement à la paix.

MAREY, cadet, Nicolas-Joseph. Député de la Côte-d'Or. Inscrit le 24 sept. La détention comme mesure de sûreté, pendant la guerre, et l'expulsion après que les despotes coalisés contre la France auront posé les armes et reconnu la République française.

MARIBON-MONTAUT, Louis. Député du Gers. Inscrit le 24 sept. La mort.

MARIETTE, Jacques-Christophe-Luc. Député de la Seine-Inférieure. Ne figure pas au procès-verbal, fut probablement élu dans une élection complémentaire, pour remplacer Riaux qui avait refusé. Inscrit le 28 sept. La détention, le bannissement à la paix, néanmoins mis à mort dans le cas où les puissances étrangères feraient quelques efforts en sa faveur.

MARIN, Anselme. Député du Mont-Blanc. Ne figure pas au procès-verbal. Inscrit le 19 mars 1793.

MARQUIS. Suppléant du Loiret. Non inscrit.

MARQUIS, Jean-Joseph. Député de la Meuse. Inscrit le 4 octobre. La détention comme otage, responsable sur sa tête des nouvelles invasions que les puissances étrangères pourraient faire sur le territoire de la République; le bannissement au moment où les représentants du peuple croiront pouvoir, sans danger, exécuter cette mesure.

MARRAGON aîné, Jean-Baptiste. Député de l'Aude. Inscrit le 23 sept. La mort.

MARRAST, Pierre. Suppléant de la Haute-Garonne. Inscrit le 14 février 1793.

MARREST, Jean-Denis. (Étienne dans le procès-verbal.) Suppléant de Seine-et-Marne. Non inscrit.

MARTEL, Pourçain. Député de l'Allier. Inscrit le 20 sept. La mort dans 24 heures.

MARTIN, Félix. Suppléant des Vosges. Non inscrit.

MARTIN-SAINT-ROMAIN, Jean-Baptiste. Député de la Somme. Non inscrit. La détention, le bannissement à la paix.

MARTINEAU, Jean. Suppléant de la Vendée. Non inscrit.

MARTINEAU, Louis. Député de la Vienne. Inscrit le 20 sept. La mort.

MARTINEL, Joseph-Marie-Philippe. Suppléant de la Drôme. Remplaça Rigaud qui avait refusé. Inscrit le 30 sept. La détention, le bannissement à la paix.

MARVEJOULS, Pierre-Stanislas. Député du Tarn. Inscrit le 24 sept. La détention et la déportation à la paix.

MASSA, Ruffin. Député des Alpes-Maritimes. Inscrit le 22 mai 1793.

MASSIEU, Jean-Baptiste. Député de l'Oise. Inscrit le 20 sept. La mort.

MATHIEU-MIRAMPAL, Jean-Baptiste-Charles. Député de l'Oise. Inscrit le 20 sept. La mort.

MAUDUYT, François-Pierre-Ange. Député de Seine-et-Marne. Inscrit le 21 sept. La mort.

MAULDE-LOISELLERIE, Pierre-Jacques. Suppléant de la Charente. Remplaça Carra qui avait opté pour un autre département. Inscrit le 20 sept. La détention perpétuelle, sauf à prendre d'autres mesures à l'acceptation de la Constitution, ou à la fin de la guerre.

MAUPASSANT, César. Suppléant de la Loire-Inférieure. Non inscrit. Tué par les Vendéens, au début du soulèvement.

MAURE, aîné, Nicolas. Député de l'Yonne. Inscrit le 20 sept. La mort.

MAUREL, Jean-François. Député d'Ille-et-Vilaine. Inscrit le 27 sept. comme suppléant. La détention jusqu'à la paix et l'affermissement de la République; le bannissement ensuite.

MAURICE, Pierre. Suppléant de la Martinique. Inscrit le 10 ventôse an III.

* MAUTRY. Voyez Bonnet de Mautry.

MAZADE, Julien-Bernard-Dorothée. Député de la Haute-Garonne. Inscrit le 24 sept. La réclusion perpétuelle.

MAZUYER, Claude-Louis. Député de Saône-et-Loire. Inscrit le 20 sept. La détention, le bannissement à la paix avec toute sa famille.

MÉAULLE, Jean-Nicolas. Député de la Loire-Inférieure. Inscrit le 22 sept. La mort.

MÉDEUIL. Député de la Martinique. Non inscrit.

MEILLAN, Arnaud. Député des Basses-Pyrénées. Inscrit le 2 octobre. La détention, le bannissement après l'affermissement de la République.

MÉJANSAC, Jacques. Député du Cantal. Inscrit le 4 octobre. La détention, le bannissement à la paix.

MELLINET, François. Député de la Loire-Inférieure. Non inscrit. La réclusion, la déportation à la paix.

* MEMINEAU. Député de la Charente. Refusa. Non inscrit.

MENNESSON, Jean-Baptiste. Député des Ardennes. Inscrit le 20 sept. La mort avec sursis comme juge, jusqu'après l'exclusion des Bourbons, et comme législateur, jusqu'au cas où l'ennemi envahirait le territoire français ; et, dans le cas contraire, le bannissement à la paix.

MENUAU, Henri. Suppléant de Maine-et-Loire. Inscrit le 15 oct. 1792.

MERCIER, Charles-François. Suppléant de la Vendée. Inscrit le 20 mars 1793.

MERCIER, Louis-Sébastien. Élu en Loir-et-Cher et en Seine-et-Oise, il opta pour ce dernier département. Inscrit le 20 sept. La détention perpétuelle.

MÉRICAMP, Salomon. Suppléant des Landes. Inscrit le 25 sept.

MERLIN, de Douai, Philippe-Antoine. Député du Nord. Inscrit le 23 sept. La mort.

MERLIN, de Thionville, Antoine-Christophe. Élu dans la Somme et dans la Moselle, il opta pour ce dernier département. Inscrit le 20 sept. Absent par commission.

MERLINO, Jean-Marie-François. Député de l'Ain. Inscrit le 21 sept. La mort.

MEYER, Jean-Baptiste. Député du Tarn. Inscrit le 29 sept. La mort.

MEYNARD, François. Député de la Dordogne. Inscrit le 20 sept. La détention pendant la guerre, sauf à prendre pendant la paix, de la part de la Convention ou de la Législative, les autres mesures de sûreté générale que la circonstance pourrait exiger.

MICHAUD, Jean-Baptiste. Député du Doubs. Inscrit le 20 sept. La mort.

MICHEL, Guillaume. Député du Morbihan. Inscrit le 25 sept. La détention, la déportation dès que la sûreté publique le permettra.

MIGUEL, Pierre. Député de la Meurthe. Inscrit le 20 sept. La détention, le bannissement à la paix.

MICHET, Antoine. Député de Rhône-et-Loire. Inscrit le 11 octobre. La détention perpétuelle.

MIDY, François. Suppléant de la Mayenne. Non inscrit.

MILHAUD, Jean-Baptiste. Député du Cantal. Inscrit le 20 sept. La mort dans les 24 heures.

MILLARD, Charles. Suppléant de Saône-et-Loire. Inscrit le 16 nivôse an II.

MILLS, Jean-Baptiste. Député de Saint-Domingue. Inscrit le 15 pluviôse an II.

MIRANDE, Nicolas. Suppléant du Cantal. Inscrit le 15 frimaire an II.

MOLLET, Jean-Luc-Anselme. Député de l'Ain. Inscrit le 28 sept. La détention et le bannissement quand la sûreté publique le permettra.

MOLLEVAUT, Étienne. Député de la Meurthe. Inscrit le 20 sept. La détention, le bannissement à la paix.

MOLTEDO, Antoine. Député de la Corse. Inscrit le 23 nov. La détention pendant la guerre.

MONESTIER, Jean-Baptiste-Benoit. Député du Puy-de-Dôme. Inscrit le 20 sept. La mort.

MONESTIER, Pierre-Laurent. Député de la Lozère. Inscrit le 20 sept. La mort avec sursis jusqu'à la paix.

MONMAYOU, Joseph. Député du Lot. Inscrit le 21 sept. La mort.

MONNEL, Simon-Edme. Député de la Haute-Marne. Inscrit le 20 sept. La mort.

MONNOT, Jacques-François-Charles. Député du Doubs. Inscrit le 20 sept. La mort.

MONTÉGUT, François. Député des Pyrénées-Orientales. Inscrit le 20 sept. La mort.

MONTGILBERT, Sigismond-Agnès. Suppléant de Saône-et-Loire. Remplaça Anacharsis Clootz, qui avait opté pour un autre département. Inscrit le 27 sept. La mort; sursis jusqu'à l'affermissement de la paix et de la Constitution, moment auquel le peuple sera consulté pour confirmer ou commuer la peine : exécution néanmoins en cas d'invasion.

MORDANT, Armand-Louis. Suppléant de l'Eure. Inscrit le 4 germinal an III.

MOREAU, Jean. Député de la Meuse. Inscrit le 20 sept. La détention, le bannissement à la paix.

MOREAU, Marie-François. Député de Saône-et-Loire. Inscrit le 22 sept. La mort.

MORIN, François-Antoine. Député de l'Aude. Inscrit sans date. La détention, le bannissement à la paix, sauf à prendre des mesures ultérieures et à prononcer même la peine de mort, en cas d'invasion du territoire français par l'ennemi.

MORISSON, Charles-François-Gabriel. Député de la Vendée. Inscrit le 20 sept. Refusa de voter, considérant qu'il n'avait pas le droit de juger Louis XVI.

* MORTEGOUTE. Voy. Texier-Mortegoute.

MOTTE. Suppléant des Hautes-Alpes. Inscrit le 20 sept 1792.

MOULIN, Marcellin. Député de Rhône-et-Loire. Inscrit le 5 octobre. La mort ; sursis jusqu'après le bannissement des Bourbons.

MOURER, Victor-Nicolas. Suppléant de la Meurthe. Inscrit le 25 juillet 1793.

* MOURRAILLE. M.-J.-Raymond. Député des Bouches-du-Rhône. Refusa. Non inscrit.

* MOYRIA. Voy. Jeannet-Moyria.

MOYSSET, Jean. Député du Gers. Inscrit le 22 sept. La réclusion, l'expulsion à la paix.

MUSSET, Jean-Mathurin. Député de la Vendée. Inscrit le 20 sept. La mort.

N

NÉRAUD. Suppléant de l'Indre. Non inscrit.

NEVEUE, Étienne. Suppléant des Basses-Pyrénées. Remplaça Dhiriart qui avait refusé. Inscrit le 12 novembre. La détention, sauf à prendre à la paix des mesures ultérieures.

NIOCHE, Pierre-Claude. Député d'Indre-et Loire. Inscrit le 22 sept. La mort.

NIOU, Joseph. Député de la Charente-Inférieure. Inscrit le 20 sept. La mort.

NOEL, Jean-Baptiste. Député des Vosges. Inscrit le 21 sept. Se récuse.

NOGUÈRES, Thomas. Député de Lot-et-Garonne. Inscrit le 20 sept. La réclusion jusqu'à la paix et le bannissement dans un moment opportun.

NOUAILLY, Pierre. Suppléant de Rhône-et-Loire. Inscrit le 8 août 1793.

O

OBELIN, Mathurin-Jean-François. Député d'Ille-et-Vilaine. Inscrit le 20 sept. La détention, la déportation à la paix.

OLIVIER-GERENTE, Joseph-Fiacre. Député de la Drôme. Inscrit sans date. La détention, la déportation à la paix.

OPOIX, Christophe. Député de Seine-et-Marne. Inscrit le 20 sept. La détention, la déportation à la paix.

ORLÉANS (d'), Louis-Philippe-Joseph. Député de Paris. Inscrit le 20 sept. La mort.

OSSELIN, Charles-Nicolas. Député de Paris. Inscrit le 20 sept. La mort.

OUDOT, Charles-François. Député de la Côte-d'Or. Inscrit le 20 sept. La mort.

P

PACROS, Benoît-Noël. Suppléant du Puy-de-Dôme. Inscrit le 27 prairial an III.

PAGANEL, Pierre. Député de Lot-et-Garonne. Inscrit le 20 sept. Amendement de Mailhe.

PALASNE-CHAMPEAUX, Julien-François. Député des Côtes-du-Nord. Inscrit le 26 sept. La détention pendant la guerre, comme otage, par mesure de sûreté; l'expulsion, à la paix, du territoire de la République, et peine de mort s'il y rentre.

PANIS, Étienne-Jean. Député de Paris. Inscrit le 20 sept. La mort.

PASCH (sic). Suppléant de Paris. Non inscrit. Probablement PACHE.

* PASCHAL. Voy. Creuzé-Paschal.

PATRIN, Eugène-Melchior-Louis. Député de Rhône-et-Loire. Inscrit le 20 sept. La détention, le bannissement à la paix.

PAUTRIZEL, Jean-Baptiste. Député de la Guadeloupe. Inscrit le 4 fructidor an II.

PAYNE, Thomas. Élu dans l'Aisne, l'Oise, le Puy-de-Dôme et le Pas-de-Calais. Il opta pour ce dernier département. Inscrit le 20 sept. La détention, le bannissement à la paix.

PÉAN, A. Suppléant de Loir-et-Cher (?). Ne figure pas au procès-verbal. Non inscrit.

* PEILLON. Député de Rhône-et-Loire. Non inscrit. Fut probablement remplacé par Lanthenas.

PEILLON, Jean-Noël. Suppléant de Saône-et-Loire. Inscrit le 2 janvier 1793. Peut-être le même que le précédent.

PELÉ, Bon-Thomas. Député du Loiret. Inscrit le 25 sept. La détention, la déportation à la paix.

PELET, Jean. Député de la Lozère. Inscrit le 27 sept. Absent par commission.

PELISSIER, Denis-Marie. Suppléant des Bouches-du-Rhône. Aurait remplacé Carra qui ne figure pas cependant sur le procès-verbal de ce département. Inscrit le 23 sept. La mort.

PELLETIER, Jacques. Suppléant du Cher. Remplaça Torné qui avait refusé. Inscrit le 27 sept. La mort.

PEMARTIN, Joseph. Député des Basses-Pyrénées. Inscrit le 9 octobre. La détention, le bannissement à la paix.

PENIÈRES, Jean-Auguste. Député de la Corrèze. Inscrit le 20 sept. La mort; il demande pour l'avenir l'abolition de cette peine.

PÉPIN, Sylvain. Député de l'Indre. Inscrit le 20 sept. La détention, la déportation à la paix.

PÉRARD, Charles-François-Jean. Député de Maine-et-Loire. Inscrit le 20 sept. La mort.

PERÈS-LAGESSE, Emmanuel. Député de la Haute-Garonne. Inscrit le 21 sept. La réclusion et l'expulsion à la paix, comme mesure de sûreté générale.

PEREZ du GIEF, Joachim. Suppléant du Gers. Inscrit le 26 floréal an III.

PÉRIBÈRE, Jean-Baptiste. Suppléant de Lot-et-Garonne. Inscrit le 28 germinal an III.

PERRIN, Jean-Baptiste. Député des Vosges. Inscrit le 21 sept. La mort.

PERRIN, Pierre-Nicolas. Député de l'Aube. Inscrit sans date. La détention, le bannissement à la paix.

PERSONNE, Jean-Baptiste. Député du Pas-de-Calais. Inscrit le 26 sept. La détention, le bannissement à la paix.

PETION de VILLENEUVE, Jérôme. Député d'Eure-et-Loir. Inscrit le 27 octobre. Amendement de Mailhe.

PETIT, Michel-Edme. Député de l'Aisne. Inscrit le 20 sept. La mort.

PETITHOMME, Jean-Baptiste. Suppléant de Seine-et-Marne. Non inscrit.

PETIT-JEAN, Claude-Lazare. Député de l'Allier. Inscrit le 20 sept. La mort dans 24 heures.

PEUVERGUE, Guillaume. Député du Cantal. Inscrit le 5 octobre. La détention, le bannissement à la paix.

PEYRE, Louis-François. Député des Basses-Alpes. Inscrit le 4 octobre. Amendement de Mailhe.

PEYRIÈS jeune, Jacques. Député de l'Aude. Inscrit le 20 sept. La détention, le bannissement à la paix.

PEYSSARD, Jean-Charles. Député de la Dordogne. Inscrit le 22 sept. La mort.

PFLIEGER aîné, Jean-Adam. Député du Haut-Rhin. Inscrit le 24 sept. La mort.

PHILIPPEAUX, Pierre. Député de la Sarthe. Inscrit le 20 sept. La mort ; exécution prompte.

PICHONNIER, Romain. Suppléant de Seine-et-Marne. Non inscrit.

PICQUÉ, Jean-Pierre. Député des Hautes-Pyrénées Inscrit le 1er octobre. La mort avec sursis jusqu'à la fin des hostilités.

PIERRET, Joseph-Nicolas. Député de l'Aube. Inscrit le 20 octobre. La détention, le bannissement à la paix, comme mesure de sûreté générale.

PIETTE des BROIZES, Jean-Baptiste. Suppléant des Ardennes. Inscrit le 30 mai 1793.

PILASTRE de la BRARDIÈRE, Urbain-René. Député de Maine-et-Loire. Inscrit le 20 sept. La réclusion, le bannissement à la paix.

* PILLOY. Voy. Joly-Pilloy.

PINEL, Pierre. Député de la Manche. Inscrit le 20 sept. La détention, la déportation à la paix.

PINET aîné, Jacques. Député de la Dordogne. Inscrit le 20 sept. La mort.

PINET de SAINT-NEXAINT. Suppléant de la Dordogne. Non inscrit.

PIORRY, Pierre-François. Député de la Vienne. Inscrit le 20 sept. La mort.

PLAICHARD-CHOLTIÈRE, René-François. Député de la Mayenne. Inscrit le 22 sept. La détention de Louis ; son bannissement, ainsi que celui de sa famille, à la paix.

PLAZANET aîné, Antoine. Suppléant de la Corrèze. Inscrit le 8 août 1793.

PLET-BEAUPRÉ, Pierre-François-Nicolas. Député de l'Orne. Inscrit le 21 sept. La mort ; sursis jusqu'à ce que l'Assemblée ait pris des mesures pour que la famille des Bourbons ne puisse nuire à la République.

* PLISSON. Voy. Froger-Plisson.

POCHOLLE, Pierre-Pomponne-Amédée. Député de la Seine-Inférieure. Inscrit le 24 sept. La mort.

POINTE, cadet, Noël. Député de Rhône-et-Loire. Inscrit le 22 sept. La mort.

POILROUX, Jacques. Suppléant des Basses-Alpes. Non inscrit.

POINTE. Suppléant du Loiret. Non inscrit.

* PONTECOULANT. Voy. Doulcet.

POISSON DE COUDREVILLE, Jacques. Député de la Manche. Inscrit le 20 sept. La réclusion, la déportation à la paix.

POIZEVARA, Pierre. Suppléant du Morbihan. Non inscrit.

POMME, André. Député de la Guyane. Inscrit le 17 avril 1793.

PONS, de Verdun, Philippe-Laurent. Député de la Meuse. Inscrit le 20 sept. La mort.

PONTENIER. Suppléant de la Vienne. Non inscrit.

PORCHER DE LISSONNAY, Gilles. Devint plus tard Porcher de Richebourg. Député de l'Indre. Inscrit le 20 sept. La détention, le bannissement à la paix.

PORTIEZ, Louis. Député de l'Oise. Inscrit le 20 sept. Amendement de Mailhe.

POTTIER, Charles. Député d'Indre-et-Loire. Inscrit le 8 octobre. La mort.

POTTIER, Louis. Suppléant d'Indre-et-Loire. Inscrit le 15 octobre 1792.

POTTOFEUX, Polycarpe. Suppléant de l'Aisne. Inscrit le 9 nivôse an II.

POULAIN, Célestin. Député de la Marne. Inscrit le 20 sept. La réclusion, le bannissement à la paix.

POULLAIN, Pierre-Claude. Suppléant du Finistère. Inscrit le 11 décembre 1792.

POULLAIN-GRANDPRÉ, Joseph-Clément. Député des Vosges. Inscrit le 21 sept. La mort avec sursis jusqu'à l'acceptation de la Constitution et l'expulsion des Bourbons; exécution en cas d'invasion de la part des ennemis.

POULTIER d'ELMOTTE, François-Martin. Député du Nord. Inscrit le 20 sept. La mort dans 24 heures.

* PRÉAU. Voy. Beauvais de Préau.

PRECY, Jean. Député de l'Yonne. Inscrit le 20 sept. La mort avec sursis jusqu'à l'acceptation de la Constitution.

PRESSAVIN, Jean-Baptiste. Député de Rhône-et-Loire. Inscrit le 22 sept. La mort.

* PREVOST. Député de la Seine-Inférieure. Figure au procès-verbal. Non inscrit. Refusa et fut probablement remplacé par Vincent.

* PRIESTLEY, Joseph. Elu dans l'Orne et dans Rhône-et-Loire. Il refusa.

PRIEUR, Pierre-Louis. Député de la Marne. Inscrit le 20 sept. La mort.

PRIEUR-DUVERNOIS, Claude-Antoine. Député de la Côte-d'Or. Inscrit le 20 sept. La mort.

PRIMAUDIÈRE (de la), René-François. Député de la Sarthe. Inscrit le 20 sept. La mort.

PROJEAN, Joseph-Étienne. Député de la Haute-Garonne. Inscrit le 20 sept. La mort.

PROST, Claude-Charles. Député du Jura. Inscrit le 20 sept. La mort.

PRUNELLE de LIÈRE, Léonard-Joseph. Député de l'Isère. Inscrit le 26 sept. Le bannissement sans délai, avec toute sa famille, sous peine de mort.

Q

QUANTIN de BESSÉ, Claude-Michel. Suppléant de la Sarthe. Non inscrit.

QUEINEC, Jacques. Député du Finistère. Inscrit le 22 sept. La détention, le bannissement à la paix.

QUINETTE, Nicolas-Marie. Député de l'Aisne. Inscrit le 20 sept. La mort.

QUIOT, Jérôme-François. Suppléant de la Drôme. Inscrit le 17 frimaire an II.

QUIROT, Jean-Baptiste. Député du Doubs. Inscrit le 20 septembre. La réclusion, le bannissement à la paix.

R

RABAUT-POMIER, Jacques-Antoine. Député du Gard. Inscrit le 24 sept. La mort avec sursis jusqu'après la notification de la constitution par le peuple.

RABAUT-SAINT-ÉTIENNE, Jean-Paul. Député de l'Aube. Inscrit le 20 sept. La détention, le bannissement à la paix.

RAFFRON du TROUILLET, Nicolas. Député de Paris. Inscrit le 20 sept. La mort dans 24 heures.

RAMEAU de la CERIE, Juste. Député de la Côte-d'Or. Inscrit le 26 sept. Le bannissement perpétuel, sans préjudice des mesures à prendre contre sa famille.

RAMEL-NOGARET, Dominique-Vincent. Député de l'Aude. Inscrit le 20 sept. La mort.

RAMONBORDES. Suppléant des Landes. Non inscrit.

*RANSON. Suppléant du Nord. Non inscrit.

* RAUX. Député des Ardennes. Refusa. Non inscrit.

RÉAL, Dominique-André. Député de l'Isère. Inscrit le 29 sept. La détention provisoire, par mesure de sûreté générale, sauf à commuer cette peine, dans des temps plus calmes, en un bannissement perpétuel.

REBECQUI, François-Trophime. Député des Bouches-du-Rhône. Inscrit le 24 sept. La mort.

RÉCHIN. Député de Saint-Domingue. Inscrit le 15 pluviôse an II.

REGNAULD de BRETEL, Charles-Louis-François. Député de la Manche. Inscrit le 22 sept. La détention, le bannissement à la paix.

RÉGUIS, Claude-Louis. Député des Basses-Alpes. Inscrit le 24 octobre. La détention, le bannissement à la paix, sous peine de mort.

REVEL, François-Bernard. Suppléant de la Seine-Inférieure. Inscrit le 3 août 1793.

REVELLIÈRE-LÉPEAUX (de la), Louis-Marie. Député de Maine-et-Loire. Inscrit le 20 sept. La mort.

REVERCHON, Jacques. Député de Saône-et-Loire. Inscrit le 20 sept. La mort.

REWBELL, Jean-François. Député du Haut-Rhin. Inscrit le 22 sept. Absent par commission.

REYNAUD, Claude-André-Benoist. Député de la Haute-Loire. Inscrit le 20 sept. La mort.

* RIAUX. Député de la Seine-Inférieure. Refusa et fut remplacé par Mariette. Non inscrit.

RIBEREAU, Jean. Député de la Charente. Inscrit le 26 sept. La mort.

RIBET, Jacques. Député de la Manche. Inscrit le 21 sept. La mort avec la réserve qu'il y sera sursis jusqu'à ce que toute la race des Bourbons ait quitté le territoire de la République.

RICARD, Xavier. Suppléant du Var. Non inscrit.

RICHARD, Joseph-Étienne. Député de la Sarthe. Inscrit le 20 sept. La mort.

RICHAUD, Hyacinthe. Suppléant de la Seine-et-Oise. Inscrit le 22 octobre 1792.

* RICHEBOURG. Voy. Porcher.

RICHEBOURG. Suppléant de Saint-Domingue. Non inscrit.

RICHOUX, Louis-Joseph. Député de l'Eure. Inscrit le 25 novembre. La détention, le bannissement à la paix.

RICORD, Jean-François. Député du Var. Inscrit le 23 sept. La mort.

* RIGAUD, Michel-Louis. Député de la Drôme. Inscrit le 23 sept. Refusa.

RITTER, François-Joseph. Député du Haut-Rhin. Inscrit le 20 sept. La mort.

RIVAUD-DUVIGNAUD, François. Député de la Haute-Vienne. Inscrit le 20 sept. La détention, le bannissement à la paix.

RIVERY, Louis. Député de la Somme. Inscrit sans date. La détention.

RIVIÈRE, Pierre. Suppléant de la Corrèze. Inscrit le 8 août 1793.

* RIVIÈRES. Voy. Gérard des Rivières.

ROBERJOT, Claude. Suppléant de Saône-et-Loire. Inscrit le 26 brumaire an II.

ROBERT, François. Député de Paris. Inscrit le 20 sept. La mort.

ROBERT, Michel. Député des Ardennes. Inscrit le 20 sept. La mort.

ROBESPIERRE jeune, Augustin-Bon-Joseph. Député de Paris. Inscrit le 27 sept. La mort.

ROBESPIERRE aîné, Maximilien-Marie-Isidore. Élu dans le Pas-de-Calais et à Paris. Il opta pour ce dernier département. Inscrit le 20 sept. La mort.

ROBIN, Louis-Antoine. Député de l'Aube. Inscrit le 20 sept. La mort.

ROCHEGUDE, Henri. Député du Tarn. Inscrit le 25 sept. La détention et le bannissement à la paix.

ROCHEJEAN, Marie-Philibert. Suppléant de Loir-et-Cher. Ne figure pas au procès-verbal. Inscrit le 1er frimaire an II.

* ROLAND de la PLATIÈRE, Jean-Marie. Député de la Somme. Refusa. Non inscrit.

ROMME, Charles-Gilbert. Député du Puy-de-Dôme. Inscrit sans date. La mort.

* ROQUELAURY. Voy. Benazet-Roquelaury.

ROUAULT, Joseph-Yves. Député du Morbihan. Inscrit le 22 sept. La réclusion, l'expulsion à la paix.

ROUBAUD, Jean-Louis. Député du Var. Représentant le district de Grasse, il fit plus tard partie de la députation des Alpes-Maritimes. Inscrit le 22 sept. La mort.

ROUGEMONT, Ignace. Député du Mont-Terrible. Inscrit le 4 mai 1793.

* ROUSSAU. Voy. Chaudron-Roussau.

ROUSSEAU, Jean. Suppléant de Paris. Inscrit le 27 sept. 1792.

ROUSSEL, Claude-Jean. Député de la Meuse. Inscrit le 21 sept. La détention, le bannissement à la paix.

ROUSSELET. Suppléant de la Seine-Inférieure. Non inscrit.

ROUX, Jean-Pierre-Félix. Suppléant de l'Aveyron. Inscrit le 23 janvier 1794.

ROUX, Louis. Député de la Haute-Marne. Inscrit sans date. La mort.

ROUX DE FAZILLAC, Pierre. Député de la Dordogne. Inscrit le 20 sept. La mort.

ROUYER, Jean-Pascal. Député de l'Hérault. Inscrit le 20 sept. La mort.

ROUZET, Jean-Marie. Député de la Haute-Garonne. Inscrit le 21 sept. La réclusion à temps, comme mesure de sûreté générale.

ROUZIER de FLAGEAT, Antoine. Connu dans les biographies sous le nom de Flagéas. Député de la Haute-Loire. Inscrit le 22 sept. La mort.

ROVÈRE (de), marquis de Fonvielle, Stanislas-Joseph-François-Xavier. Député des Bouches-du-Rhône. Inscrit le 20 sept. La mort.

ROY, Denis. Député de Seine-et-Oise. Inscrit le 21 sept. La mort, sursis jusqu'à la ratification de la Constitution par le peuple.

ROYER, Jean-Baptiste. Député de l'Ain. Inscrit le 21 sept. La détention et le bannissement à la paix.

• ROZIÈRES (le général). Député de Bruxelles. Inscrit par erreur dans le *Tableau de la Convention.*

RUAMPS, Pierre-Charles. Député de la Charente-Inférieure. Inscrit le 21 sept. La mort.

RUAULT, Alexandre-Jean. Député de la Seine-Inférieure. Inscrit le 21 sept. La détention, le bannissement après l'affermissement de la République.

RUDEL du MIRAL, Claude-Antoine. Député du Puy-de-Dôme. Inscrit le 25 sept. La mort.

RUDLER, François-Joseph. Suppléant du Haut-Rhin. Inscrit le 30 novembre 1792.

RUELLE, Albert. Député d'Indre-et-Loire. Inscrit le 29 sept. La mort conformément au code pénal. Il demande que l'Assemblée examine si, sous des rapports politiques, il ne serait pas de l'intérêt public de commuer la peine ou d'en suspendre l'exécution.

RUHL, Philippe. Député du Bas-Rhin. Inscrit le 20 sept. Absent par commission.

RUSTE. Suppléant de la Martinique. Non inscrit.

S

SABARTHÉ, suppléant de l'Aude. Non inscrit.

SABATHIER. Député de la Guadeloupe. Non inscrit.

SACY (de), Michel. Député de la Haute-Garonne. Inscrit le 21 sept. La mort ; il demande, si cette opinion passe, que l'Assemblée discute le point de savoir s'il conviendra à l'intérêt public que l'exécution ait lieu sur-le-champ, ou qu'elle soit différée ; cette proposition est indépendante de son vœu.

SAINT-ANDRÉ. Député de la Guadeloupe. Non inscrit.

* SAINT-ANDRÉ (Jean-Bon). Voy. Bon.

* SAINTE-FOY. Voy. Jay de Sainte-Foy.

SAINT-JUST (de), Antoine-Louis-Léon-Florelle. Député de l'Aisne. Inscrit le 21 sept. La mort.

SAINT-MARTIN, François-Jérôme-Riffard. Député de l'Ardèche. Inscrit le 22 sept. La réclusion, le bannissement quand la sûreté publique le permettra.

SAINT-MARTIN-VALOGNE, Charles. Député de l'Aveyron. Inscrit le 29 sept. La détention, le bannissement à la paix.

SAINT-PIERRE. Voy. Bernardin.

* SAINT-PRIX. Voy. Soubeyra-Saint-Prix.

* SAINT-ROMAIN. Voy. Martin-Saint-Romain.

* SAINT-SAUVEUR. Voy. Boucher-Saint-Sauveur.

SALADIN, Jean-Baptiste-Michel. Député de la Somme. Inscrit le 20 sept. La mort.

* SALCETTE (de la). Voy. Colaud de la Salcette.

SALESSES. Suppléant de l'Aveyron. Non inscrit.

SALICETI, Christophe. Député de la Corse. Inscrit le 23 sept. La mort.

SALLE, Jean-Baptiste. Député de la Meurthe. Inscrit le 20 sept. La détention, le bannissement à la paix.

SALLELES, Jean. Député du Lot. Inscrit le 21 sept. La réclusion ; le bannissement à la paix.

SALLENGROS, François-Albert-Boniface. Député du Nord. Inscrit le 26 sept. La mort.

SALMON de MEZIÈRE, Gabriel-René-Louis. Député de la Sarthe. Inscrit le 20 sept. La réclusion, l'expulsion à la paix et après l'affermissement de la Constitution.

SANADON, Jean-Baptiste. Député des Basses-Pyrénées. Inscrit le 11 oct. La détention jusqu'à ce que la République soit reconnue par les puissances de l'Europe : le bannissement alors, sous peine de mort.

SARTRE aîné, Marc-Antoine. Suppléant du Lot. Inscrit le 14 thermidor an III.

SAURINE, Jean-Pierre. Député des Landes. Inscrit le 29 sept. La détention de Louis et de sa famille dans un lieu sûr, jusqu'à la paix, sauf à prendre alors les mesures les plus utiles.

SAUTAYRA, Pierre-Barthélemy. Député de la Drôme. Inscrit le 20 sept. La mort.

SAUTEREAU, Jean. Député de la Nièvre. Inscrit le 20 sept. La mort.

SAUVET, Gervais. Député de la Manche. Inscrit le 20 sept. La réclusion, la déportation à la paix.

SAVARY, Louis-Jacques. Député de l'Eure. Remplaça Carra qui avait opté pour un autre département. Inscrit le 21 sept. La détention jusqu'à la paix et l'acceptation de la Constitution par le peuple.

SAVORNIN, Marc-Antoine. Député des Basses-Alpes. Inscrit le 25 oct. Amendement de Mailhe.

SEGONDS, Jean-Louis. Député de l'Aveyron. Inscrit le 27 sept. La mort.

SEGUIN, Philippe-Charles-François. Député du Doubs. Inscrit le 20 sept. La détention, le bannissement à la paix.

SELLIER, Gérard. Suppléant de la Somme. Inscrit le 4 octobre 1792.

SERGENT, Louis. Député de Paris. Inscrit le 20 sept. La mort.

SERRE, Jean-Joseph. Député des Hautes-Alpes. Inscrit le 20 sept. La détention, le bannissement à la paix.

SERRES, Jean-Jacques. Député de l'Isle-de-France. Inscrit le 5 octobre 1793.

* SERVAL. Voy. Le Blanc de Serval.

SERVEAU-TOUCHEVALIER, François. Député de la Mayenne. Inscrit le 20 sept. Amendement de Bissy.

SERVIÈRES, Laurent. Député de la Lozère. Inscrit le 27 sept. La mort dans le cas seulement où l'ennemi envahirait le territoire français ; jusque-là, réclusion dans un lieu de sûreté.

SERVONAT, Joseph-Sébastien. Député de l'Isère. Inscrit le 1er octobre. La réclusion, le bannissement à la paix sous peine de mort.

SEVESTRE, Joseph. Député d'Ille-et-Vilaine. Inscrit le 20 sept. La mort.

SIBLOT, Claude-François-Bruno. Député de la Haute-Saône. Inscrit le 20 sept. Amendement de Mailhe.

SIEYÈS, Emmanuel-Joseph. Élu dans la Gironde, l'Orne et la Sarthe, il opta pour ce dernier département. Inscrit sans date. La mort.

SILLERY (Brulard, comte de Genlis, marquis de), Charles-Alexis. Député de la Somme. Ne figure pas au procès-verbal. Inscrit le 20 sept. La détention, ainsi que celle de sa famille ; leur bannissement après l'affermissement de la République.

SIMOND, Philibert. Député du Bas-Rhin. Inscrit le 20 sept. Absent par commission.

SIONNEAU, Norbert-Louis. Suppléant des Deux-Sèvres. Non inscrit.

SIRUGUE, Marc-Antoine. Suppléant de la Côte-d'Or. Inscrit le 16 prairial an III.

SOULIGNAC, Jean-Baptiste. Député de la Haute-Vienne. Inscrit le 25 sept. La détention, le bannissement à la paix sous peine de mort.

SOLONIAC, Pierre. Député du Tarn. Inscrit le 15 octobre. La détention et le bannissement à la paix.

SOUBEYRAN-SAINT-PRIX, Hector. Député de l'Ardèche. Inscrit le 20 sept. La mort avec sursis jusqu'à la paix et après l'expulsion des Bourbons.

SOUBRANY, Pierre-Amable. Député du Puy-de-Dôme. Inscrit sans date. La mort.

SOUHAIT, Joseph-Julien. Député des Vosges. Inscrit le 1er octobre. La mort ; il demande, comme législateur, que la Convention examine s'il ne serait pas utile de surseoir jusqu'à l'acceptation de la Constitution. Cette proposition est indépendante de son vote comme juge.

SOUILHÉ. Suppléant du Lot. Non inscrit.

T

TAILLANDIER DU PLAIX. Suppléant du Cher. Non inscrit.

TAILLEFER, Jean-Guillaume. Député de la Dordogne. Inscrit le 30 octobre. La mort.

TALLIEN, Jean-Lambert. Député de Seine-et-Oise. Inscrit le 20 sept. La mort.

TALOT, Michel-Louis. Suppléant du Maine-et-Loire. Inscrit le 7 sept. 1793.

TARTU, Jean-François. Suppléant de la Loire-Inférieure. Inscrit le 22 février 1793.

TAVEAU, Louis-Jacques. Député du Calvados. Inscrit le 24 sept. La mort avec sursis jusqu'au cas où les puissances étrangères mettraient le pied sur le territoire français, ou jusqu'à l'acceptation de la Constitution.

* TAVERNEL. Député du Gard. Inscrit sans date. Refusa. Fut remplacé par Berthezène.

TELLIER, Armand-Constant. Député de Seine-et-Marne. Inscrit le 20 sept. La mort.

TERRAL, Joseph. Suppléant du Tarn. Inscrit le 18 juin 1793.

TESSIÉ-DUCLUSEAUX, Joseph-François-Alexandre. Suppléant de Maine-et-Loire. Non inscrit.

TEXIER. Suppléant de la Vienne. Non inscrit.

TEXIER-MORTEGOUTE, Michel. Député de la Creuse. Inscrit le 20 sept. La détention.

THABAUD-BOIS-LA-REINE, Guillaume. Député de l'Indre. Inscrit le 20 sept. Amendement de Mailhe.

THIBAUDEAU, Antoine-Claire. Député de la Vienne. Inscrit le 20 sept. La mort.

THIBAULT, Alexandre-Marie. Député du Cantal. Inscrit le 28 sept. La détention de Louis ; son bannissement à la paix, celui de sa famille et de tous les Bourbons.

THIERRIET, Claude. Député des Ardennes. Ne figure pas au procès-verbal. Inscrit le 20 sept. La détention perpétuelle.

THIRION, Didier. Député de la Moselle. Inscrit le 20 sept. La mort.

THOMAS, Jean-Jacques. Député de Paris. Inscrit le 20 sept. La détention jusqu'à la paix, et la mort dans le cas d'envahissement du territoire français de la part des puissances étrangères.

THOMAS DE LA PRISE, Charles-Jean-Étienne. Suppléant de l'Orne ; remplaça André qui avait refusé. Inscrit le 23 sept. La mort avec sursis jusqu'au cas où l'ennemi envahirait le territoire français.

THOUMIN, François. Suppléant de la Mayenne. Inscrit le 20 juin 1793.

THURIOT DE LA ROSIÈRE, Jacques-Alexis. Député de la Marne. Inscrit le 20 sept. La mort.

TISON. Suppléant de la Sarthe. Non inscrit.

* TISSERAND. Député de la principauté de Salm. Inscrit par erreur dans le *Tableau de la Convention.*

TOCQUOT, Charles-Nicolas. Député de la Meuse. Inscrit le 20 sept. La détention, le bannissement à la paix et jusqu'à ce que les puissances de l'Europe aient reconnu l'indépendance de la République.

TOPSENT, Jean-Baptiste-Nicolas. Député de l'Eure. Inscrit le 24 sept. Absent par maladie.

* TORNÉ, Pierre-Anastase. Député du Cher. Refusa. Non inscrit.

* TOUCHEVALIER. Voy. Serveau-Touchevalier.

TOUDIC, Pierre. Suppléant des Côtes-du-Nord. Inscrit le 29 floréal an III.

TOULOUZE, Jean-Joseph. Suppléant de l'Ardèche. Inscrit le 22 ventôse an II.

TOURNIER, Jean-Laurent-Germain. Député de l'Aude. Inscrit le 20 sept. La détention, le bannissement à la paix,. comme mesure de sûreté générale.

TRÉHOUARD, Bernard-Thomas. Suppléant d'Ille-et-Vilaine. Inscrit le 4 août 1793.

TREILHARD, Jean-Baptiste. Député de Seine-et-Oise. Inscrit le 20 sept. La mort ; sursis à l'exécution, pour le plus grand intérêt de la République.

TRIDOULAT, Louis-Gaspard. Suppléant du Tarn. Inscrit le 23 septembre 1793.

TROUILLET (du). Voy. Raffron du Trouillet.

TRULLARD, Narcisse. Député de la Côte-d'Or. Inscrit le 20 sept. La mort.

TURREAU, Louis. Député de l'Yonne. Inscrit le 20 sept. La mort.

V

VACHERON, Jacques-Théodore. Suppléant de Seine-et-Marne. Non inscrit.

VADIER, Marc-Guillaume-Alexis. Député de l'Ariège. Inscrit le 21 sept. La mort.

* VALADY. Voy. Izarn de Valady.

* VALAZÉ. Voy. Dufriche de Valazé.

VALDRUCHE, Joseph-Arnould. Député de la Haute-Marne. Inscrit le 20 sept. La mort.

VALLÉE, Jacques-Nicolas. Suppléant de l'Eure. Remplaça Albitte qui avait opté pour un autre département. Inscrit le 22 sept. La détention jusqu'à ce que la souveraineté du peuple français, son gouvernement républicain, soient reconnus par tous les gouvernements de l'Europe ; alors, l'expulsion de Louis et de tous les prisonniers du Temple, hors le territoire de la république ; il vote néanmoins pour le dernier supplice, dans le cas où les armées ennemies pénétreraient sur le territoire français.

VARDON, Louis-Alexandre-Jacques. Député du Calvados. Inscrit le 20 sept. La détention, le bannissement à la paix.

VARLET, dit de la Vallée, Charles-Zachée-Joseph. Suppléant du Pas-de-Calais. Remplaça Robespierre, aîné, qui avait opté pour Paris. Inscrit le 28 sept. La détention, le bannissement à la paix sous peine de mort.

VASSEUR, Alexandre. Suppléant de la Somme. Inscrit le 27 nivôse an II.

VAUCHER, Marc-Denis. Député du Jura. Inscrit le 22 sept. Ne prit pas part au vote.

VAUGEOIS, Jean-François-Gabriel. Suppléant de Paris. Inscrit le 11 avril 1793.

VEAU DE LAUNAY, Pierre-Louis-Athanase. Suppléant d'Indre-et-Loire. Inscrit le 9 nivôse an II.

VENAILLE, Pierre-Étienne. Suppléant de Loir-et-Cher. Remplaça Bernardin de Saint-Pierre qui avait refusé. Inscrit le 30 sept. La mort.

VENARD, Henri-Étienne. Suppléant de Seine-et-Oise. Inscrit le 15 juillet 1793.

VERDOLIN, Jacques. Député des Basses-Alpes. Inscrit le 3 octobre. La détention, le bannissement à la paix.

VERGNIAUD, Pierre-Victurnien. Député de la Gironde. Inscrit le 20 sept. Amendement de Mailho.

* VERLEY. Député de Bruxelles. Inscrit par erreur dans le *tableau de la Convention.*

VERMOND, Alexis-Joseph. Député des Ardennes. Inscrit le 20 sept. La mort avec sursis, jusqu'au cas où l'ennemi envahirait le territoire français.

VERNEREY, Charles-Baptiste-François. Député du Doubs. Inscrit le 20 sept. La mort.

VERNIER, Théodore. Député du Jura. Inscrit le 21 sept. La détention, le bannissement à la paix.

* VERNIN, Pierre-Joseph. Député de l'Allier. Refusa. Remplacé par Vidalin.

VIDAL, Jean. Suppléant des Basses-Pyrénées. Ne figure pas au procès-verbal. Inscrit le 3 octobre 1793.

VIDALIN. Suppléant de l'Allier. Remplaça Vernin. Inscrit le 29 sept. La mort. Décédé en 1793, fut remplacé par Chabot.

VIDALOT, Antoine. Député de Lot-et-Garonne. Inscrit le 20 sept. La mort.

VIENNET, Jacques-Joseph. Député de l'Hérault. Inscrit le 20 sept. La réclusion jusqu'à la paix, ou jusqu'à ce que les puissances de l'Europe aient reconnu l'indépendance de la République. Le bannissement alors sous peine de mort.

VIGER DES HUBINIÈRES, Louis-Francois-Sébastien. Suppléant de Maine-et-Loire. Inscrit le 27 avril 1793.

VIGNERON, Claude-Bonaventure. Député de la Haute-Saône. Inscrit le 20 sept. La détention, le bannissement à la paix.

VILLAR, Noël-Gabriel-Luce. Député de la Mayenne. Inscrit le 30 sept. La détention, le bannissement à la paix.

* VILLEDIEU. Voy. Laurence.

VILLERS, François. Député de la Loire-Inférieure. Inscrit le 22 sept. La mort.

VILLETARD, Edme-Pierre-Alexandre. Suppléant de l'Yonne. Inscrit le 25 janvier 1793.

VILLETTE, Charles. Député de l'Oise. Inscrit le 26 sept. La réclusion, le bannissement à la paix.

VINCENT, Pierre-Charles-Victor. Député de la Seine-Inférieure. Ne figure pas au procès-verbal. Fut probablement élu dans une élection complémentaire pour remplacer Prévost qui avait refusé. Inscrit le 20 sept. La détention, le bannissement et celui de sa famille lorsque la nation le jugera convenable.

VINET, Pierre-Étienne. Député de la Charente-Inférieure. Inscrit le 24 sept. La mort.

* VIOLAINES. Voy. Garnier de Violaines.

VIQUY, Jean-Nicolas. Député de Seine-et-Marne. Inscrit le 21 sept. La détention, le bannissement à la paix.

VITET, Louis. Député de Rhône-et-Loire. Inscrit le 22 sept. La détention et le bannissement de la race des Bourbons.

VIZIEN. Suppléant de l'Indre. Non inscrit.

VOULLAND, Jean-Henri. Député du Gard. Inscrit le 24 sept. La mort.

W

WALP. Suppléant de l'Hérault. Non inscrit.

WAUDELAINCOURT, Antoine-Hubert. Suppléant de la Haute-Marne. Remplaça Drevon qui avait refusé. Inscrit le 20 sept. Le bannissement.

* WOLF. Député de Mons. Inscrit par erreur dans le *Tableau de la Convention*.

Y

YGER, Jean-Baptiste. Député de la Seine-Inférieure. Inscrit le 21 sept. La détention, le bannissement à la paix.

YSABEAU, Claude-Alexandre. Député d'Indre-et-Loire. Inscrit le 25 sept. La mort.

Z

ZANGIACOMI, fils, Joseph. Député de la Meurthe. Inscrit le 20 sept. La détention, le bannissement quand la sûreté publique le permettra.

ERRATA

AU LIEU DE :	LISEZ :
Amar, André.	*Amar, Jean-Pierre-André.*
Arrighi, Jean.	*Arrighi, Jean-Thomas.*
Babey, Athanase-Marie.	*Babey, Athanase-Marie-Pierre.*
Baby, J.-F.	*Baby, Jean-François.*
Bancal, Henri.	*Bancal des Issards, Jean-Henri.*
Barthélemy... 18 janvier.	*Barthélemy... 18 février.*
Battelier.	*Battellier.*
Beauvais de Preaux.	*Beauvais de Préau.*
Bidault, Mathieu-Gervais.	*Bidault, Laurent-Mathieu-Gervais.*
Billaud-Varennes.	*Billaud-Varenne.*
Birotheau.	*Birotteau.*
Blanqui, Dominique.	*Blanqui, Jean-Dominique.*
Blauval-Artaud.	*Blauval-Artauld.*
Bo, Jean-Baptiste.	*Bo, Jean-Baptiste-Jérôme.*
Boilleau, suppléant.	*Boilleau, aîné, suppléant.*
Boilleau, Jacques.	*Boilleau, jeune, Jacques.*
Boisset, Joseph.	*Boisset, Joseph-Antoine.*
Bonnet, Pierre-Frédéric-Dominique.	*Bonnet, Pierre-François-Dominique.*
Bonnet-Chabanolle.	*Bonet-Chabanolle.*
Bonnier d'Alco, Ange.	*Bonnier d'Alco, Ange-Elisabeth-Louis-Antoine.*
Boyavai, Louis-Laurent.	*Boyaval, Charles-Louis-Laurent.*
Brissot.	*Brissot de Warville.*
Calès, Jean-Marie.	*Calès, Georges-Marie.*
Cambon, Joseph.	*Cambon, Pierre-Joseph.*
Castillon ou Castilhon.	*Castilhon.*
Chaignard.	*Chaignart.*
Chassel, J.-J.	*Chasset, Charles-Antoine.*
Chatry Lafosse, Jacques-Samuel.	*Chatry Lafosse, Pierre-Jacques-Samuel.*
Chaudron-Rousseau.	*Chaudron-Roussau.*
Chevalier.	*Chevallier.*
Chomel.	*Chomel, L.-T.*
Clootz (le baron Anacharsis).	*Cloots (le baron Jean-Baptiste de Cloots, dit Anacharsis).*
Condorcet (Caritat de).	*Condorcet (Caritat, marquis de).*
Corinfustier, Simon-Joseph.	*Corenfustier, François-Joseph.*
Coupé, Jean-Marie.	*Coupé, Jacques-Michel.*
Courtois.	*Courtois de Longuion.*
Coustard.	*Coustard de Massy.*
Dartigoyte.	*Dartigoeyte.*

Delisle, Alexandre-Edme-David.	*David, Alexandre-Edme.*
Debry, Jean.	*Debry, Jean-Antoine-Joseph.*
Dechézeaux.	*Dechézeaux de la Flotte.*
Defermon.	*Defermon des Chapelières.*
Delacrôix, Charles.	*Delacroix de Constant, Charles.*
Delagueule.	*Delagueulle.*
Delbreil.	*Delbrel.*
Delville.	*Delleville.*
Derazey, Eustache.	*Derazey, Jean-Joseph-Eustache.*
Deschamps.	*Descamps.*
Desmoulins, Camille.	*Desmoulins, Benoît-Camille.*
Detriché.	*Destriché.*
Doulcet, marquis de Pontécoulant, Gustave.	*Doulcet, comte de Pontécoulant, Louis-Gustave.*
Dreuvon.	*Drevon.*
Duboucher ou Dubouchet.	*Dubouchet.*
Dubreil Chambardel.	*Dubreuil-Chambardel.*
Dufrische.	*Dufriche.*
Dugenne ou Dugesne.	*Dugenne.*
Dupont, Jacob.	*Dupont, Jacob-Louis.*
Duport.	*Duport... député du Montblanc.*
Dupuy, C.-F.	*Dupuis, C.-F.*
Dupuis ou Dupuy, J.-B.-C.-H.	*Dupuy, J.-B.-C.-H.*
Duquesnoy, Ernest.	*Duquesnoy, Ernest-Dominique-François-Joseph.*
Dyzès.	*Dysès.*
Eulart.	*Enlart.*
Expert.	*Espert.*
Ferrand, Anthelme.	*Ferrand, Anselme.*
Feurtin-Chedanneau, Auguste-Roland-Jean-Antoine.	*Feurtin-Chedanneau, Augustin-Roland-Jean-André.*

UNE SÉANCE DE LA CONVENTION

D'après une gravure allemande

(Collection du Mis de Granges de Surgères.)

CHANGEMENTS SURVENUS DANS LA REPRÉSENTATION DES DÉPARTEMENTS [1]

Ain.

FERRAND, Anselme, premier suppléant, admis, le 18 août 1793, à remplacer MOLLET, démissionnaire de la veille ; se plaignait, le 2 octobre suivant, de ne pas avoir encore son décret d'admission. ROGER, exclu de la Convention, y fut réintégré le 8 décembre 1794. JAGOT, décrété d'arrestation le 10 prairial an III, fut ensuite amnistié. BLANC, inscrit le 20 germinal an II, siégea peut-être ?

Aisne.

POTTOFEUX remplaça PAYNE dès le début. Ayant donné sa démission, le 8 novembre 1792, il fut remplacé le même jour par BOUCHEREAU. Le 6 brumaire an III, Pottofeux ayant été acquitté par le tribunal révolutionnaire, il demandait à remplacer Condorcet ou Saint-Just. QUINETTE, livré, en avril 1793, aux Autrichiens par Dumouriez, ne fut pas remplacé. Le 16 août 1793, DUPIN se plaignait de l'erreur faite au procès-verbal de la Convention ; il y était annoncé qu'il avait donné sa démission et qu'on avait appelé son suppléant, alors qu'il n'était pas démissionnaire ; arrêté le 22 thermidor an III, comme voleur, il fut ensuite acquitté. CONDORCET, mort à Bourg-la-Reine, en avril 1794, fut remplacé par DORMAY ; et SAINT-JUST, guillotiné le 10 thermidor an II, fut remplacé par DEQUIN ; FOUQUIER avait probablement refusé de siéger.

Allier.

VERNIN ayant refusé, fut remplacé par VIDALIN qui mourut après le procès de Louis XVI, et fut supplé par CHABOT, le 30 juin 1793. FORESTIER,

1. Pour dresser cette liste, nous avons dû parcourir les 72 volumes des procès-verbaux de la Convention ; malgré le soin que nous avons apporté à ce travail, il s'est probablement glissé quelques erreurs que nous serions heureux de voir rectifiées.

décrété d'arrestation, le 5 prairial an III, et décrété d'accusation, le 8, fut ensuite amnistié. DELEAGE et DUBARRY, suppléants, siégèrent illégalement, aucune vacance ne s'étant produite dans ce département, et n'ayant pas été appelés par le tirage au sort.

Basses-Alpes.

VERDOLIN, décédé au commencement de 1793, fut remplacé, le 3 juin, par BOURET. Exclus après le 31 mai, MAISSE et PEYRE furent réintégrés le 8 décembre 1794 dans le sein de la Convention. Il est probable que POILROUX ne siégea pas.

Hautes-Alpes.

CAZENEUVE et SERRES, exclus le 31 mai, furent réintégrés le 8 décembre 1794. BARETY écrivit le 5 juillet 1793, qu'il donnait sa démission pour cause de santé et qu'il attendrait l'arrivée de son suppléant. Fut peut-être remplacé par CHAUVET ou par MOTTE.

Ardèche.

GARILHE et SOUBEYRAN exclus après le 31 mai, furent réintégrés le 8 décembre 1794. CORENFUSTIER, démissionnaire le 12 août 1793, retirait sa démission trois jours après. GAMON, mis hors la loi le 28 juillet 1793, fut rappelé en 1795 ; il fut remplacé par TOULOUZE, qui continua de siéger après la rentrée de Gamon.

Ardennes.

BLONDEL et THIERRIET remplacèrent RAUX et CHARDRON qui avaient refusé. PIETTE fut admis, le 12 juin 1793, à remplacer MENNESSON, démissionnaire du 5 juin.

Ariège.

VADIER, décrété d'arrestation le 12 ventôse an III, fut condamné à la déportation, le 12 germinal suivant, et remplacé le 15 floréal par BORDES.

Aube.

RABAUT-SAINT-ÉTIENNE, mis hors la loi le 28 juillet 1793 et guillotiné à Bordeaux, le 15 frimaire an II, fut remplacé par LUDOT, le 21 août 1793, JEANNEST ayant refusé de siéger. PERRIN, condamné le 12 octobre 1793, à douze ans de fers, mort à Toulon, peu de temps après son incarcération, fut remplacé, le 22 frimaire, par DAVID. Après la chute de Robespierre, la mémoire de Perrin fut réhabilitée.

Aude.

PÉRIÈS et TOURNIER exclus après le 31 mai, furent réintégrés le 8 novembre 1794.

Aveyron.

IZARN DE VALADY, mis hors la loi le 28 juillet 1793, et guillotiné à Périgueux, le 15 frimaire an II, fut remplacé par ROUX, le 14 octobre 1794. BO, décrété d'arrestation le 22 thermidor an III, fut ensuite amnistié.

Bouches-du-Rhône.

MOURAILLE ayant refusé, fut remplacé par LAURENS, le 1er octobre 1792. REBECQUI, démissionnaire en avril 1793, se noya à Marseille après le 31 mai. MAINVIELLE, appelé à le remplacer, se plaignait, le 29 avril, de son arrestation ; décrété d'accusation le 30 juillet suivant, il fut condamné à mort le 9 brumaire an II. Exclus après le 31 mai, DUPRAT, LAUZE-DUPERRET et BARBAROUX, les deux premiers furent guillotinés, à Paris, le 2 et le 31 octobre 1793 ; Barbaroux, exécuté à Bordeaux, le 25 juin 1794, avait été remplacé, dès le 20 août 1793, par BERNARD, qui fut lui-même guillotiné le 3 pluviôse an II. Pierre BAYLE mourut à Toulon, pendant le siège, en novembre 1793 ; GASPARIN mourut d'une indigestion pendant sa mission dans le département de Vaucluse. Le dernier suppléant, LE BLANC DE SERVAL, fut appelé, le 22 nivôse an II, à remplir une des nombreuses vacances. Moyse BAYLE fut décrété d'arrestation le 16 germinal an III ; GRANET, sous le coup d'un décret d'arrestation depuis le 12, fut décrété d'accusation le 2 prairial. Ces deux députés furent ensuite amnistiés.

Calvados.

FAUCHET, condamné à mort le 31 octobre 1793, fut remplacé par LEMOINE, le 9 pluviôse an II. CUSSY, mis hors la loi, le 28 juillet 1793, et exécuté le 25 brumaire an II, fut probablement remplacé par CHATRY-LAFOSSE. Décrétés d'arrestation le 3 et le 30 octobre 1793, DELLEVILLE et DOULCET furent réintégrés, le 8 décembre 1794. Henry LARIVIÈRE, décrété d'arrestation le 2 juin, parvint à se sauver et fut rappelé, le 8 mars 1795, dans le sein de la Convention ; son suppléant, COSNARD, admis le 11 août 1793, continua de siéger malgré son retour. Claude LOMONT, décrété provisoirement d'arrestation, le 30 vendémiaire an II, fut mis en liberté après une courte détention.

Cantal.

Le 10 avril 1793, PEUVERGUE envoyait sa démission motivée ; il fut remplacé par Pierre MAILHE, quelque temps après. Joseph MAILHE ayant donné sa démission le 6 octobre 1793, fut remplacé le lendemain par MIRANDE. Antoine BERTRAND remplaça CARRIER, guillotiné le 25 frimaire an III. LACOSTE, décrété d'arrestation le 13 prairial an II, fut amnistié.

Charente-Inférieure.

DECHÉZEAUX donna sa démission le 11 août 1793 ; il fut condamné à mort le 28 nivôse an II. Il avait été remplacé, le 30 août 1793, par ESCHASSERIAUX, jeune. DESGRAVES fut appelé par le tirage au sort du 5 floréal an III. RUAMPS fut décrété d'accusation le 2 prairial an III, et BERNARD, le 10 du même mois. Ces deux députés furent ensuite amnistiés.

Corrèze.

GERMINIAC, décédé le 18 décembre 1792, fut remplacé, par LAFOND, le 9 janvier suivant. CHAMBON, exclu après le 31 mai et mort en novembre 1793 dans son département, avait été remplacé par RIVIÈRE, le 8 août 1793. LIDON, décrété successivement d'arrestation et d'accusation, le 2 juin et le 3 octobre 1793, se brûla la cervelle le 8 novembre suivant ; il avait été remplacé par PLAZANET, dès le 8 août. LANOT, décrété d'arrestation le 25 thermidor an III, fut amnistié.

Corse.

ANDREI, décrété d'arrestation le 3 octobre 1793, fut rappelé dans le sein de la Convention le 8 décembre 1794. Il avait été remplacé, le 1er ventôse an II, par ARRIGHI, qui continua de siéger malgré le retour d'Andrei. SALICETI, décrété d'accusation le 8 prairial an III, fut amnistié.

Côte-d'Or.

BASIRE, guillotiné le 16 germinal an II, fut remplacé, par EDOUARD, le 11 floréal suivant. SIRUGUE fut appelé par le tirage au sort du 5 floréal an III.

Côtes-du-Nord.

FLEURY et GIRAULT, exclus après le 31 mai, furent réintégrés le 8 décembre 1794. COUPPÉ, déclaré démissionnaire, le 3 juillet 1793, fut remplacé par COUPART, le 9 août suivant. Coupart continua de siéger malgré le retour de Couppé, le 8 décembre 1794. TOUDIC fut appelé par le tirage au sort du 5 floréal an III.

Creuse.

GUYÈS, décédé le 3 frimaire an II, fut remplacé par Amable FAURE, le 12 nivôse suivant. HUGUET, décrété d'accusation, le 2 prairial an III, fut amnistié.

Dordogne.

LAMARQUE fut livré en avril 1793, aux Autrichiens par Dumouriez. Quatre députés de ce département furent décrétés d'arrestation et d'accusation après les journées de prairial : PEYSSARD (le 1er et le 2) fut condamné le 30 prairial à la déportation ; PINET aîné (le 1er et le 2), Elie LACOSTE (le 10) et BORIES-CAMBER (le 1er et le 2) furent ensuite amnistiés.

Drôme.

FAYOLLE, MARBOS et OLIVIER-GERENTE, exclus après le 31 mai, furent réintégrés le 8 décembre 1794. QUIOT fut admis, le 27 juin 1793, à remplacer un des trois députés exclus. SANTAYRA, mort le 27 septembre 1793, à Montélimart, ne fut probablement pas remplacé.

Eure.

BUZOT, mis hors la loi, et mort, en 1793, à Saint-Emilion, fut remplacé par FRANCASTEL, le 27 juin 1793. LE MARÉCHAL, déclaré démis, fut remplacé par BIDAULT, le 23 nivôse an II. DURAND, appelé à remplacer SAVARY, qui avait été mis hors la loi le 28 juillet 1793, fut exclu par la Convention, comme fédéraliste. Savary fut réintégré dans ses fonctions en avril 1795. DUBUSC et RICHOUX, exclus après le 31 mai, furent admis, le 8 décembre 1794, dans le sein de la Convention. DU ROY, décrété d'arrestation le 1er prairial an III, décrété d'accusation le lendemain, fut condamné à mort le 28. Robert LINDET, décrété d'arrestation le 10 prairial, fut amnistié.

Eure-et-Loir.

BRISSOT, guillotiné le 31 octobre 1793, avait été remplacé, dès le 14 juillet, par LONQUEUE ; PETION, mort de faim à Saint-Emilion en 1794, avait été remplacé par MARAS, le 23 nivôse ; LACROIX, guillotiné le 5 avril 1794, fut remplacé par DEHOUZIÈRES, le 26 prairial an II. GIROUST et LESAGE, exclus après le 31 mai, rentrèrent le 8 décembre 1794. CHALES, décrété d'accusation le 2 prairial an III, fut amnistié.

Finistère.

BLAD, BOHAN, KERVÉLÉGAN et QUEINEC, exclus après le 31 mai, furent réintégrés dans leurs fonctions, le 8 décembre 1794 ; BOISSIER, admis, le 7 août 1793, à remplacer l'un d'eux, siégea, malgré leur retour, jusqu'à la fin de la session.

Gard.

TAVERNEL, après avoir refusé de siéger, assista aux séances de la Convention jusqu'au 17 décembre 1792, époque à laquelle il se retira pour cause de santé ; il fut remplacé par BERTEZÈNE, le 10 janvier 1793. BALLA, démissionnaire le 2 avril 1793, fut remplacé par CHAMBON-LATOUR, le 20 mai suivant. AUBRY et RABAUT-POMIER, exclus après le 31 mai, rentrèrent le 8 décembre 1794. Aubry, mis en état d'arrestation le 30 vendémiaire an IV, fut mis en liberté après une courte détention. VOULLAND, décrété d'arrestation le 10 prairial an III, fut amnistié.

Haute-Garonne.

DESACY, mort peu de jours après le procès de Louis XVI, fut remplacé par MARRAST, le 14 février 1793. ESTADENS et ROUZET, exclus après le 31 mai, furent réintégrés le 8 décembre 1794. DARIO, accusé de fédéralisme, fut écarté le 11 juin 1794 et guillotiné le 11 messidor an II. JULIEN, décrété d'accusation avec Chabot, fut remplacé par ALARD le 3 août 1794, après l'exclusion de Dario. Le 18 prairial an III, Alard, accusé d'avoir fait égorger Dario pour siéger à sa place et compromis dans une affaire de vol, fut décrété d'accusation et remplacé par LESPINASSE.

Gers.

DESCHAMPS, LAPLAIGNE et MOYSSET, exclus après le 31 mai, rentrèrent le 8 décembre 1794. Dartigoeyte écrivait le 14 septembre 1793, pour que Laplaigne soit remplacé par le 3e suppléant (LACOSTE). Les deux premiers (PÉREZ et AMADE) étant suspendus pour faits de fédéralisme. Amade avait été décrété d'arrestation le 18 juillet ; Pérez ne siégea qu'à la fin de la session, appelé par le tirage au sort du 5 floréal an III. BARBEAU-DUBARRAN et MARIBON-MONTAUT, décrétés d'arrestation à la suite des journées de prairial, furent amnistiés.

Gironde.

DUPLANTIER ayant donné sa démission le 7 juin 1793, fut remplacé par EZMARD, le 29 août suivant. BOYER-FONFREDE, DUCOS et VERGNIAUD furent guillotinés le 9 brumaire an II ; GENSONNÉ, le lendemain ; GRANGENEUVE et GUADET furent exécutés à Bordeaux le 1er messidor an II. BERGOEING, mis hors la loi le 3 octobre 1793, rentra le 8 décembre 1794. Ces députés ne furent pas remplacés.

Hérault.

ROUYER, mis hors la loi, le 28 juillet 1793, fut rappelé le 11 avril 1795. FABRE, mort dans les premiers jours de janvier 1794, à l'armée des Pyrénées-Orientales, fut remplacé par JOUBERT, le 10 pluviôse an II. BRUNEL se brûla la cervelle, à Marseille, le 30 floréal an III. CAMBON, décrété d'accusation, après les journées de germinal et de prairial, et condamné à la déportation, fut ensuite amnistié.

Ille-et-Vilaine.

OBELIN, exclu après le 31 mai, fut réintégré le 8 décembre 1794. DEFERMON et LANJUINAIS, mis hors la loi le 28 juillet 1793, furent rappelés le 8 mars 1795. GILBERT, appelé à remplacer Lanjuinais, donna sa démission, le 27 juillet 1793 ; COURNÉ, appelé à sa place, fut dénoncé le même jour et traduit devant le tribunal révolutionnaire. TRÉHOUARD fut admis le 4 août suivant à remplacer Lanjuinais.

Indre.

DERAZEY, exclu après le 31 mai, fut rappelé le 8 décembre 1794. LEJEUNE, décrété d'arrestation le 13 prairial an III, fut amnistié.

Indre-et-Loire.

GARDIEN, guillotiné le 10 brumaire an II, fut remplacé, le 10 frimaire suivant, par Louis POTTIER, qui mourut le 25 du même mois, et fut à son tour remplacé par VEAU DE LAUNAY, le 9 nivôse. Il est probable que CHAMPIGNY-AUBIN siégea illégalement.

Isère.

BAUDRAN écrivit, le 16 octobre 1793, qu'ayant donné sa démission, le 12 août précédent, à cause de la maladie de sa femme, il allait reprendre ses fonctions, n'ayant pas été remplacé. ALMERAS-LATOUR, appelé par le tirage au sort du 5 floréal an III, était décédé lorsqu'on fit le tirage de son nom ; il fut remplacé par DECOMBEROUSSE, le 6 thermidor an III. AMAR, décrété d'accusation le 2 prairial an III, fut amnistié.

Jura.

AMYON, BABEY, FERROUX, GRENOT, LAURENCEOT et VERNIER, exclus après le 31 mai, rentrèrent le 8 décembre 1794. JANOD fut le seul suppléant qui siégea.

Landes.

SAURINE, exclu après le 31 mai, fut rappelé le 8 décembre 1794. DARTIGOEYTE, décrété d'arrestation le 13 prairial an III, fut amnistié. MERICAMP et RAMONBORDES, appelés à remplacer Saurine, furent écartés comme fédéralistes.

Loir-et-Cher.

CHABOT, guillotiné le 5 avril 1794, son suppléant ROCHEJEAN, sous le coup d'un mandat de justice, fut écarté ; le 22 floréal an III, il demandait à siéger malgré la dénonciation qui avait été faite contre lui. FOUSSEDOIRE, décrété d'arrestation le 2 prairial an III, fut amnistié.

Haute-Loire.

ROUZIER, démissionnaire le 1er octobre 1793, à cause du mauvais état de la santé de sa femme, fut remplacé le même jour, par LEMOINE. BARDY fut appelé par le tirage du 5 floréal an III.

Loire-Inférieure.

MAUPASSANT ne siégea pas ; il fut tué à Machecoul, par les Vendéens, en mars 1793. MELLINET mourut la même année. COUSTARD fut guillotiné le 18 brumaire an II. JARY et LEFEBVRE, exclus après le 31 mai, furent rappelés le 8 décembre 1794. Les suppléants de la Loire-Inférieure, soupçonnés de fédéralisme, ne furent pas appelés. FOUCHÉ, décrété d'arrestation, le 22 thermidor an III, fut amnistié.

Loiret.

LOUVET, mis hors la loi le 28 juillet 1793, fut rappelé le 18 ventôse an III. Il avait été remplacé par GAILLARD, le 26 juillet 1793 ; ce suppléant siégea jusqu'à la fin de la session malgré le retour de Louvet. BOURDON, décrété d'accusation le 2 prairial an III, fut enfermé à Ham, puis amnistié.

Lot.

CAYLA, mort le 21 janvier 1793, fut remplacé, le 14 mars, par BLAVIEL, qui, exclu après le 31 mai, fut rappelé le 8 décembre 1794. JEAN-BON SAINT-ANDRÉ, décrété d'arrestation le 10 prairial an III, fut amnistié. ALBOUY, décédé le 13 prairial an III, fut remplacé, le 18 thermidor suivant, par SARTRE.

Lot-et-Garonne.

LAROCHE, absent pour cause de maladie, fut, par erreur, déclaré démissionnaire et remplacé, le 9 frimaire an II, par CABARROC, qui continua de siéger malgré la rentrée de Laroche, qui fut décrétée le 20 germinal an III.

Maine-et-Loire.

DE HOULIÈRES, démissionnaire le 14 avril 1793, fut remplacé par VIGER, le 27 avril suivant. PILASTRE et LECLERC, démissionnaires le 12 août 1793, furent remplacés par TALOT (8 sept.) et MENUAU (28 sept.). Leclerc incarcéré en nivôse an II, fut sauvé par le 9 thermidor. RÉVELLIERE-LÉPEAUX ayant donné sa démission le 13 août 1793, ne fut pas remplacé et fut rappelé le 19 frimaire an II. DELAUNAY aîné fut condamné à mort le 16 germinal an II. TESSIÉ ayant refusé de siéger, fut exécuté avec Delaunay. Décrété d'arrestation le 2 prairial an III, CHOUDIEU fut incarcéré à Ham, puis amnistié.

Manche.

LAURENCE, exclu après le 31 mai, fut rappelé le 8 décembre 1794. LE CARPENTIER, décrété d'arrestation le 1er prairial an III, et décrété d'accusation le lendemain, fut amnistié.

Marne.

THURIOT et PRIEUR, décrétés d'arrestation (16 germinal et 1er prairial an III), furent décrétés d'accusation le 2 prairial, puis amnistiés.

Haute-Marne.

CHAUDRON-ROUSSAU, décrété d'arrestation le 22 thermidor an III, fut amnistié.

Mayenne.

DESTRICHÉ fut appelé par le tirage du 5 floréal an III. ESNUE DE LAVALLÉE, décrété d'arrestation le 5 prairial an III, fut amnistié.

Meurthe.

SALLE, mis hors la loi le 28 juillet 1793, fut guillotiné à Bordeaux, le 20 juin 1794 ; il avait été remplacé par COLLOMBEL, le 22 juillet. MOLLEVAUT, mis hors la loi le 28 juillet 1793, fut rappelé en mars 1795. MOURER ayant opté pour ses fonctions de procureur-général-syndic, Mollevaut fut remplacé par Dominique JACOB, le 22 juillet 1793. MALLARMÉ fut décrété d'arrestation, le 13 prairial an III, puis amnistié.

Meuse.

TOCQUOT ayant donné sa démission le 14 août 1793, fut remplacé par GARNIER-ANTHOINE, le 3 septembre suivant. MOREAU, démissionnaire le 15 août 1793, fut remplacé (?) par LOLIVIER.

Morbihan.

CORBEL et ROUAULT, exclus après le 31 mai, furent réintégrés le 8 décembre 1794. LE HARDY, guillotiné le 9 brumaire an II, fut remplacé par

BRUE, le 7 frimaire. CHAIGNARD fut appelé par le tirage du 5 floréal an III. LEQUINIO, décrété d'arrestation le 21 thermidor an III, fut amnistié. GILLET mourut à l'armée de Jourdan, en vendémiaire an IV.

Moselle.

ANTHOINE, décédé le 19 mai 1792, fut remplacé par KARCHER le 25 brumaire an II, BOULAY ayant été écarté comme suspect, le 24 octobre 1793. BLAUX, exclu après le 31 mai, fut rappelé le 8 décembre 1794. HENTZ, décrété d'arrestation, le 16 germinal an III, et THIRION, décrété d'arrestation et d'accusation, le 8 prairial, furent amnistiés.

Nièvre.

LEFIOT et GOYRE-LAPLANCHE, décrétés d'arrestation (21 et 22 thermidor an III), furent amnistiés.

Nord.

FOCKEDEY ayant donné sa démission, le 2 avril 1793, fut remplacé par MALLET, le 29 mai suivant. DERENTY fut appelé par le tirage du 5 floréal an III. DUHEM, décrété d'accusation le 2 prairial an III, fut amnistié. BRIEZ mourut de maladie à la fin de la session.

Oise.

VILLETTE, décédé le 9 juillet 1793, fut remplacé par AUGER, le 20 juillet suivant. CLOOTZ, guillotiné le 24 mars 1794, fut remplacé, le 29 pluviôse an II, par DANJOU. Exclu après le 31 mai, DELAMARRE fut rappelé le 8 décembre 1794. MASSIEU, décrété d'arrestation le 22 thermidor an III, fut amnistié. GODEFROY, exclu après le 31 mai, mourut avant la fin de la session, et fut probablement remplacé par BERTRAND, le 18 pluviôse an III.

Orne.

DUGUÉ D'ASSÉ, exclu après le 31 mai, fut rappelé le 8 décembre 1794. BERTRAND DE L'HODIESNIÈRE ayant donné sa démission, le 9 août 1793, fut remplacé par DESRIVIÈRES, le 14 frimaire an II. DUFRICHE DE VALAZÉ, condamné à mort, le 9 brumaire an II, fut remplacé, le 12 frimaire suivant, par CASTAING.

Paris.

MARAT fut assassiné le 11 juillet 1793. Le duc d'ORLÉANS et MANUEL furent condamnés à mort, le premier, le 16 brumaire an II, le second, le 24. Manuel avait donné sa démission le 22 janvier 1793. THOMAS mourut le 28 pluviôse an II, et BEAUVAIS le 7 germinal suivant. DANTON, DESMOULINS et FABRE D'ÉGLANTINE furent guillotinés le 16 germinal an II, OSSELIN le 8 messidor suivant; il avait été déjà condamné à la déportation le 15 frimaire. ROBESPIERRE aîné et ROBESPIERRE jeune furent exécutés le 10 thermidor an II. DUSAULX, exclu après le 31 mai, fut rappelé le 8 décembre 1794, LULIER ayant refusé de siéger. Manuel fut remplacé, le 19 mars 1793, par BOURSAULT, et le 25 juillet suivant FOURCROY remplaça Marat. BOURGAIN fut admis le 27 brumaire an II à la place du duc d'Orléans; DESRUES suppléa Thomas le 3 ventôse an II; ROUSSEAU remplaça Beauvais. Le 27 vendémiaire an III, VAUGEOIS vint siéger à la place de Danton. COLLOT D'HERBOIS et BILLAUD-VARENNE furent condamnés à la déportation le 12 germinal an III. Des décrets d'arrestation furent lancés contre PANIS (8 prairial an III), LAIGNELOT (8 prairial), DAVID (10), LAVICOMTERIE (10) et SERGENT (13); ces députés furent amnistiés.

Pas-de-Calais.

VARLET et DAUNOU exclus après le 31 mai, furent rappelés le 8 décembre 1794. MAIGNIEZ, obligé d'abandonner son poste pendant la Terreur, fut rappelé le 10 thermidor an III. Il avait été remplacé, le 1er juillet 1793, par LE BON qui fut guillotiné à Amiens, le 9 octobre 1795. PAYNE, exclu le 6 nivôse an II, comme étranger, fut rappelé le 8 décembre 1794; il avait été remplacé le 23 nivôse suivant par DUBROEUCQ qui continua de siéger malgré sa rentrée. LE BAS se donna la mort dans la nuit du 9 au 10 thermidor an II. DUQUESNOY fut exécuté le 28 prairial an III.

Puy-de-Dôme.

BANCAL fut livré aux Autrichiens par Dumouriez, en avril 1793. DULAURE, exclu après le 31 mai, fut rappelé le 8 décembre 1794. COUTHON, guillotiné le 10 thermidor an II, fut remplacé par JOURDE. Le tirage du 5 floréal amena PACROS dans le sein de la Convention. SOUBRANY fut guillotiné le 28 prairial an III. Condamné à mort le 30 prairial, ROMME se poignarda; on le crut mort; il survécut à ses blessures. L'on décréta d'arrestation MAIGNET (16 germinal) et MONESTIER (13 prairial); ils furent amnistiés.

Basses-Pyrénées.

MEILLAN, mis hors la loi le 28 juillet 1793, fut rappelé le 8 mars 1795. Il avait été remplacé par LAA, le 8 août 1793, qui continua de siéger malgré le retour de Meillan. SANADON ayant donné sa démission le 13 août 1793, fut remplacé, le 5 octobre suivant, par VIDAL.

Hautes-Pyrénées.

Le 10 brumaire an II, on apprit, à la Convention, la mort de DUPONT, qui fut remplacé par GUCHAN, le 11 pluviôse suivant. FERAUD, assassiné le 1er prairial an III, fut remplacé, le 1er thermidor, par DAUPHOLE.

Pyrénées-Orientales.

GUITTER, exclu le 31 mai, fut rappelé le 8 décembre 1794. BIROTTEAU, mis hors la loi et guillotiné à Bordeaux le 3 brumaire an II, avait été remplacé, dès le 13 août 1793, par DELCASSO.

Bas-Rhin.

DENTZEL, exclu le 6 nivôse an II comme étranger, et décrété provisoirement d'arrestation le 27 nivôse suivant, fut rappelé le 8 décembre 1794. SIMOND, guillotiné le 24 germinal an II, fut remplacé par GRIMMER le 9 ventôse an III. RUHL, décrété d'accusation le 8 prairial an III, se donna la mort le 29.

Haut-Rhin.

GUITTARD fut appelé par le tirage du 5 floréal an III.

Rhône-et-Loire.

FOREST, MICHET, VITET et CHASSET, exclus après le 31 mai, furent rappelés, les deux premiers, le 8 décembre 1794, et les deux derniers, en mars 1795. Vitet avait été remplacé par BOIRON, le 7 août et Chasset par NOAILLY, le 8 août 1793. Ces deux députés continuèrent de siéger malgré la rentrée de ceux qu'ils suppléaient. JAVOGUE, décrété d'arrestation le 13 prairial an III, fut amnistié.

Saône-et-Loire.

GUILLERMIN ayant donné sa démission, fut remplacé, le 26 mai 1793, par JACOB qui démissionna le 6 octobre suivant, pour remplir les fonctions de receveur de district; il fut remplacé par MILLARD le lendemain. MASUYER, mis hors la loi puis exécuté le 29 ventôse an II, avait été remplacé, par CHAMBORRE le 31 juillet 1793. CARRA, guillotiné le 11 brumaire an II, fut remplacé par ROBERJOT, le 26 brumaire suivant. BAUDOT, décrété d'arrestation le 13 prairial an III, fut amnistié.

Sarthe.

CHEVALIER ayant donné sa démission en prétextant l'état de sa santé, fut rappelé le 24 thermidor an III; il avait été remplacé par LEHAULT, le 16 pluviôse an III. Lehault continua de siéger malgré la rentrée de Chevalier. PHILIPPEAUX, guillotiné le 10 germinal an II, fut remplacé par CORNILLEAU, le 26 germinal an III. SALMON, exclu après le 31 mai, fut rappelé le 8 décembre 1794. LEVASSEUR, décrété successivement d'arrestation (16 germinal an III) et d'accusation (2 prairial), fut amnistié.

Seine-Inférieure.

BAILLEUL, VINCENT, RUAULT, LEFEVRE, HECQUET, FAURE et DUVAL, exclus après le 31 mai, furent rappelés le 8 décembre 1794 et en mars 1795. DELAHAYE, exclu dans les mêmes circonstances, ne fut rappelé que le 23 germinal an III ; il avait été remplacé par REVEL, le 3 août 1793. LECOMTE remplaça Duval le 25 juillet 1793. DOUBLET, poursuivi le 31 mai, mourut en prison ; il fut remplacé par ALBITTE jeune, le 25 frimaire an II. ALBITTE aîné, décrété d'arrestation (1er prairial an III) et d'accusation (2 prairial), fut amnistié.

Seine-et-Marne.

TELLIER se brûla la cervelle à Chartres, le 17 septembre 1795 ; il fut remplacé par GUYARDIN. BEZOUT fut appelé par le tirage du 5 floréal an III.

Seine-et-Oise.

KERSAINT ayant donné sa démission le 20 janvier 1793, fut remplacé par RICHAUD le 22 février suivant, GROUVELLE ayant opté pour les fonctions de secrétaire du Conseil exécutif provisoire. MERCIER, exclu après le 31 mai, fut rappelé le 8 décembre 1794. GORSAS et HÉRAULT DE SÉCHELLES, guillotinés le 16 germinal an II, furent remplacés par VENARD (15 août 1793) et GOUJON (20 germinal an II) ; ce dernier se poignarda le 28 prairial an III, en entendant la lecture de son acte de condamnation à mort. LECOINTRE, décrété d'arrestation (16 germinal) et d'accusation (2 prairial an III), fut amnistié.

Deux-Sèvres.

DUCHATEL, exclu le 14 juin 1793 et guillotiné le 9 brumaire an II, avait été remplacé, dès le 11 juillet 1793, par CHAUVIN-HERSANT.

Somme.

DEVERITÉ et SALADIN, exclus après le 31 mai, furent rappelés le 8 décembre 1794. SILLERY, guillotiné le 9 brumaire an II, fut remplacé par DEQUEN, le 30 frimaire suivant. DUFESTEL, décrété d'arrestation le 3 octobre 1793, fut rappelé le 20 frimaire an III ; il avait été remplacé par SCELLIER, le 30 frimaire an II. ASSELIN, exclu après le 31 mai, rentra avec Dufestel. Il avait été remplacé par VASSEUR, le 1er pluviôse an II.

Tarn.

DAUBERMESNIL ayant donné sa démission, en juin 1793, fut remplacé, le 18 juin, par TERRAL. Daubermesnil fut rappelé le 24 thermidor an III. SOLONIAC ayant donné sa démission, le 15 août 1793, fut remplacé par TRIDOULAT, le 23 septembre suivant. LASOURCE, guillotiné le 9 brumaire an II, fut remplacé par DELTEIL.

Var.

ISNARD et DESPINASSY, exclus après le 31 mai, furent rappelés le 8 décembre 1794. ANTIBOUL, guillotiné le 9 brumaire an II, fut remplacé par CRUVÈS, le 23 nivôse an II. RICORD, ESCUDIER et CHARBONNIER, décrétés d'arrestation le 8 prairial an III, furent amnistiés.

Vendée.

FAYAU, décrété successivement d'arrestation (1er prairial an III) et d'accusation (le 2), fut amnistié.

Vienne.

PIORRY, décrété d'arrestation le 22 thermidor an III, fut amnistié.

Haute-Vienne.

LACROIX, RIVAUD, SOLIGNAC et FAYE, exclus après le 31 mai, furent rappelés le 8 décembre 1794. LESTERPT-BEAUVAIS, guillotiné le 9 brumaire an II, fut remplacé par LESTERPT jeune, le 27 pluviôse an III.

Vosges.

BRESSON, exclu après le 31 mai, fut rappelé après le 9 thermidor. NOEL, guillotiné le 18 frimaire an II, avait été remplacé par CHERRIER, le 12 octobre 1793. MARTIN, appelé par le tirage du 5 floréal an III, ayant refusé le 7, pour cause de santé, fut remplacé par FRICOT, le 14 messidor an III.

Yonne.

LE PELETIER, assassiné le 20 janvier 1793, fut remplacé, le 25, par VILLETARD. CHASTELLAIN donna sa démission le 14 août 1793, et fut néanmoins rappelé le 8 décembre 1794. BOILLEAU jeune, guillotiné le 9 brumaire an II, fut remplacé par JEANNEST, le 9 frimaire. BOURBOTTE fut guillotiné le 28 prairial an III; MAURE s'était brûlé la cervelle le 16, pour prévenir le décret d'accusation qui le menaçait. Le 23 messidor, on demanda à ce qu'un de ces représentants fût remplacé par BOILLEAU aîné, ce suppléant n'ayant refusé jusqu'ici, que parce qu'il ne voulait pas siéger à côté des assassins de son frère.

Alpes-Maritimes.

MASSA et BLANQUI, exclus après le 31 mai, furent rappelés le 8 décembre 1794.

Mont-Blanc.

BAL ayant donné sa démission, fut remplacé par GENIN, le 7 août 1793.
CARELLI donna sa démission le 23 pluviôse an II, pour cause de santé; il reprit ses fonctions le 15 ventôse suivant, son suppléant n'étant pas arrivé.

Martinique.

CRASSOUS, décrété d'arrestation le 16 germinal an III, fut acquitté.

Guadeloupe.

PAUTRIZEL, décrété d'arrestation le 6 prairial an III, fut amnistié.

Saint-Domingue.

RECHIN envoya, le 29 messidor an III, un certificat de sa municipalité pour justifier des motifs qui l'avaient empêché de siéger comme député. Le 5 fructidor suivant, BUSSIÈRE-LAFOREST fut admis à le remplacer.

Décrets relatifs aux suppléants.

EXTRAITS DES PROCÈS-VERBAUX DE LA CONVENTION [1].

Séance du 6 octobre 1792.

Un membre observe que la plupart des départemens ont nommé à la Convention nationale des citoyens absens, qui depuis la séparation des assemblées électorales, ont ou refusé d'accepter, ou déclaré leur précédente acceptation dans quelqu'autre département ; il demande que les assemblées électorales, lors de leur prochaine réunion, soient autorisées à élire un nombre de suppléants égal à celui des députés qui pourroient avoir donné leur démission ou refusé d'accepter : cette proposition est décrétée.

Séance du 1er septembre 1793.

Un membre expose, au nom du Comité des décrets, que plusieurs suppléants des députés démis, et auxquels le Comité des décrets a écrit, ne se sont point rendus à la Convention, et même n'ont fait aucune réponse ; que dans plusieurs départements, la liste des suppléants est épuisée, et que cependant la députation n'est point complète ; que de deux députés qui ont donné leur démission presque en même temps, un seul peut être remplacé, n'y ayant qu'un suppléant. Mais lequel des deux ? Il demande que la Convention veuille bien résoudre ces difficultés.

La proposition est renvoyée au Comité de législation.

Séance du 14 octobre 1793.

La Convention nationale décrète que tous les suppléans à la Convention, qui dans les divers départements auroient protesté, soit

1. La plupart de ces décrets ne sont pas insérés au *Moniteur*.

comme fonctionnaires publics, soit comme citoyens, contre les évènemens du 31 mai, des 1er et 2 juin, ou qui seroient convaincus d'avoir participé aux mesures liberticides des administrations fédéralistes, ainsi que ceux qui auroient été suspendus de leurs fonctions comme suspects par les représentans du peuple envoyés dans les départemens, ne seront point admis dans son sein et charge son Comité des décrets de prendre sur le compte des députés qui sont venus siéger depuis cette époque, tous les renseignemens nécessaires pour s'assurer qu'ils ne se trouvent point dans le cas du présent décret, et d'en faire incessamment son rapport.

Séance du 25 frimaire an II (15 décembre 1793).

Sur la proposition d'un membre, le décret suivant est rendu.
La Convention nationale décrète :

Article premier.

Le comité des décrets fera sans délai la liste générale des suppléans des députés à la Convention nationale des départemens, et qui n'ont point été appelés en remplacement.

II.

Lorsque les suppléans d'un département auront tous été appelés à la Convention, et qu'il y aura lieu au remplacement d'un député nommé par ce département, tous les noms des suppléans inscrits sur la liste générale seront mis dans un vase, en présence de trois membres du comité des décrets : ce vase sera posé ensuite sur le bureau du président ; et le suppléant dont le nom sera extrait par un des secrétaires, sera appelé en remplacement.

Un membre demande que la Convention nationale exige que les députés suppléans qui entrent dans son sein, fassent à la tribune leur profession de foi politique et énoncent leur opinion sur les principaux évènements de la Révolution.

Cette motion est appuyée et décrétée ; mais au moment que le membre qui l'avait faite en lit la rédaction, plusieurs autres demandent le rapport du décret : cette dernière proposition est appuyée et décrétée.

Séance du 6 nivôse an II (26 décembre 1793).

Décret excluant de la Convention tous les individus nés en pays étrangers et appelant leurs suppléants.

Séance du 19 germinal an II (8 avril 1794).

Décret qui attribue aux comités de salut public, de sûreté générale et des décrets réunis, les rapports à faire pour l'admission des suppléants.

Séance du 10 prairial an II (29 mai 1794).

Les suppléants des députés en mission seront appelés dans le cas où ceux-ci prolongeraient leur absence au delà du terme de leur rappel pour les comités.

Séance du 7 fructidor an II (24 août 1794).

La Convention nationale décrète que le comité des décrets prendra des renseignements sur les suppléans, et lui en rendra compte avant de les appeler en remplacement à la représentation nationale.

Séance du 7 ventôse an III (25 février 1795).

La Convention nationale, après avoir entendu le rapport de ses trois comités de salut public, de sûreté générale et de législation, décrète :

ARTICLE PREMIER.

A compter de la publication de la présente loi, les suppléans seront admis dans la Convention nationale, sur la simple exhibition du procès-verbal de leur élection qui en constatera la validité.

II.

Ceux des suppléans qui n'auront pas été admis à leur tour profiteront de la loi.

III.

Les décrets des 23 vendémiaire et 7 fructidor an II de la République sont rapportés.

IV.

Le comité des décrets est chargé de présenter dans deux jours la liste de tous les suppléans qui sont appelés à la représentation nationale et de se conformer au décret du 25 frimaire concernant le mode de remplacement.

Le présent décret sera imprimé et inséré au bulletin de correspondance.

Séance du 2 floréal an III (21 avril 1795).

La Convention nationale, après avoir entendu le rapport du Comité des décrets, procès-verbaux et archives, en interprétant, autant que de besoin, le décret du 25 frimaire de l'an II, décrète ce qui suit :

ARTICLE PREMIER.

Il n'y aura d'admis au concours, par la voie du tirage au sort, qui va se faire parmi les suppléants, pour compléter la représentation nationale, que le premier en tour d'appel dans chaque département.

II.

Le premier suppléant en tour de chaque département, dont les *députations sont et se trouveront plus que complètes d'un ou de plusieurs membres,* ne participera pas au concours et au tirage, jusqu'à ce que les autres députations aient atteint la même proportion.

III.

Les suppléans du département de Seine-et-Marne, dont l'assemblée électorale en a nommé un plus grand nombre que celui fixé par les décrets et adopté par l'usage général, y seront réduits à quatre, suivant l'ordre fixé par l'élection.

Séance du 26 floréal an III (15 mai 1795).

La Convention nationale, après avoir entendu le rapport du Comité d'inspection au Palais national :

Décrète que ledit Comité est autorisé d'ordonnancer les frais de voyage des suppléans appelés à la Convention par le Comité des décrets, d'après les états par eux fournis et vérifiés par le même Comité d'inspection, ainsi qu'il en est usé pour les voyages des représentans envoyés en mission.

CERTIFICAT D'ADMISSION DES SUPPLÉANTS.

Je soussigné certifie que le citoyen... député suppléant du département de... à la Convention nationale est enregistré en cette qualité aux archives de la République française et qu'il s'y est présenté en personne aujourd'hui.

Paris ce... l'an... de la République française une et indivisible.

Le commissaire aux archives,

...

En conséquence, la Convention a reconnu le citoyen... pour être un de ses membres.

Députés présents à la Convention.

(15 NOVEMBRE 1792 — 2 FRUCTIDOR AN III.)

Pendant toute la durée de la Convention, surtout à partir du 31 mai, le nombre des votants représenta à peine le cinquième des députés inscrits et, même dans les circonstances les plus graves, il s'éleva exceptionnellement aux deux tiers ; encore, pour obtenir les résultats indiqués par les procès-verbaux, les huissiers de la Convention furent-ils obligés de faire entrer presque de force, dans la salle des séances, les députés qui se réfugiaient dans les couloirs et dans les comités. Pendant deux mois (juin et juillet 1793), les plus nombreuses réunions ne réunirent pas 100 députés actifs.

			votants
1792.	15 novembre.	Election d'un président	352
	19 »	—	310
	27 décembre.	—	417
1793.	21 janvier.	Renouvellement du Comité de surveillance	299
	24 »	Election d'un président	355
	7 février.	—	365
	18 »	Election d'un ministre de la marine	469
	21 »	Election d'un président	308
	7 mars.	—	384
	6 avril.	Formation du Comité de salut public	360
	13 »	Appel nominal	360
	A la fin de cette séance, on ne put rendre un décret, parce qu'on ne put réunir		200
	18 »	Election d'un président	305
	20 »	Appel nominal	147
	2 mai.	Election d'un président	293
	16 »	—	332
	28 »	Appel nominal	517

	30 »	Election d'un président	335
	—	Appel nominal pour l'impression de l'adresse de Rouen	281
	13 juin.	Election d'un président	241
	16 juin.	Formation du Comité de sûreté générale. Les membres élus réunissent	de 22 à 113
	10 juillet.	Formation du Comité de salut public. Les membres élus réunissent	de 100 à 192
	11 juillet.	Election d'un président	286
	25 »	—	186
	3 août.	Complément du tribunal révolutionnaire. Les juges élus réunissent	de 47 à 65
	8 août.	Election d'un président	236
	20 »	Election d'un ministre d'intérieur	233
	28 août.	Un décret est rendu par	60 à 80
	—	Un autre décret est rendu à la pluralité de	30 contre 10
	19 septemb.	Election d'un président	221
	3 octobre.	—	212
	—	Election d'un ministre de la guerre	573
	6 »	Election d'un ministre de la justice	373
1793	22 octobre.	Election d'un président	208
	2 novembre.	Emeute de Lorient	534
An II.	1er frimaire.	Election d'un président	205
	16 »	—	144
	16 germinal.	—	206
	1er prairial.	—	117
	16 »	—	485
	13 thermidor.	Complément du Comité de salut public. Les membres élus réunissent	de 191 à 371
	27 fructidor.	Complément du Comité de législation. Les membres élus réunissent	de 30 à 115
	—	Complément du Comité d'agriculture. Les membres élus réunissent	de 19 à 104
	—	Complément du Comité de finances. Les membres élus réunissent	de 6 à 144
	—	Complément du Comité d'instruction publique. Les membres élus réunissent de	de 18 à 122

29 fructidor. Complément du Comité des transports, postes et messageries. Les membres élus réunissent.............. de 9 à 44
An III. 1er vendém. Election d'un président.................. 236
11 vendém. Comité des colonies. Les membres élus réunissent..................... de 41 à 161
1er brumaire. Election d'un président................. 230
» Les secrétaires élus réunissent..... de 82 à 165
16 » Election d'un président.................. 261
3 frimaire. Décret d'accusation contre Carrier...... 500
4 » Election d'un président................. 246
1er pluviôse. — 178
— Election des secrétaires................. 183
16 germinal. Election d'un président................ 222
2 fructidor. — 314
An IV. 30 vendém. Comité des Cinq. Les membres élus réunissent................... de 195 à 234.

D'après le relevé fait le 16 juillet 1793, sur le registre des mandats, il résulte que les députés qui ont reçu leur indemnité depuis le 4 juillet, et qui en ont donné quittance sont au nombre de 595

Ceux des représentants du peuple, députés près les armées et les papeteries pour les assignats, qui n'ont pas reçu sont au nombre de... 71

Ceux présents à la séance du 16 juillet, et qui n'ont pas reçu leur indemnité, sont au nombre de.......................... 28

Le nombre des députés malades, détenus, absents sans cause et par congé, ainsi que ceux qui ont quitté leur poste pour attiser dans les départemens le feu de la guerre civile, est de 62

Total....... 756

Il est à observer que plusieurs des députés qui ont abandonné leur poste sont déjà remplacés par leurs suppléants, et que quelques évêques présents ne reçoivent pas ladite indemnité : il est donc évident qu'il ne se trouve pas 62 membres absens.

Tous les députés qui touchaient leurs mandats n'assistaient pas aux séances, comme le prouve le décret suivant rendu par la Convention, le 15me jour du premier mois de l'an II (6 octobre 1793).

ART. I

Les mandats expédiés par Saurine, inspecteur de la salle, en faveur de Brissot, pour les indemnités des mois de juillet, août et septembre, ne seront pas portés dans les états de dépense de la Trésorerie nationale.

II.

Lesdits mandats qui ont été acquittés par Saurine seront par lui remboursés au commis caissier de la trésorerie. Les inspecteurs de la salle veilleront à ce remboursement.

III.

A l'avenir, tous les mandats expédiés par les inspecteurs de la salle, seront signés par trois d'entre eux.

Tous les *individus qui assistaient aux séances* n'étaient pas députés. On en trouve une preuve dans le procès-verbal de la Convention du 2 septembre 1793 :

Un membre observe qu'un citoyen nommé *Baudin*, accusé par deux autres citoyens d'avoir été membre du comité contre-révolutionnaire de Lyon, s'est introduit dans la salle, où il siège actuellement au milieu des représentants du peuple.

Sur sa demande,

La Convention nationale décrète que le citoyen Baudin sera tenu de se rendre au comité de Sûreté générale, pour y être entendu.

(*Procès-verbaux de la Convention.*)

Les morts et les démissionnaires.

Pendant la session de la Convention, 102 députés ou suppléants moururent, soit guillotinés, soit par suicide, soit de leur mort naturelle. Le nombre des démissionnaires s'éleva à 39 ; dans ce chiffre sont compris les 10 députés qui, ayant donné leur démission pendant la terreur, furent ensuite rappelés. Nous n'avons pas compté au nombre des démissionnaires les députés qui furent exclus, bien que plusieurs de ces derniers aient été remplacés.

MORTS

Albouy, — Almeras-Latour, — Anthoine, — Antiboul.

Barbaroux, — Basire, — Bayle Pierre, — Beauvais, — Bernard (Bouches-du-Rhône), — Birotteau, — Boilleau jeune, — Bourbotte, — Boyer-Fonfrède, — Briez, — Brissot, — Brunel, — Buzot.

Carra, — Carrier, — Cayla, — Chabot (le capucin), — Chambon, — Clootz, — Condorcet, — Coustard, — Couthon, — Cussy.

Danton, — Dario, — Dechézeaux, — Delaunay aîné, — Desacy, — Desmoulins, — Doublet, — Duchâtel, — Ducos, — Dufriche de Valazé, Dupont, — Duprat, — Duquesnoy. — Duroy.

Fabre d'Eglantine, — Fabre (Hérault), — Fauchet, — Féraud.

Gardien, — Gasparin, — Gensonné, — Germiniac, — Gillet, — Godefroy, — Gorsas, — Goujon, — Grangeneuve, — Guadet, — Guyès.

Hérault de Séchelles, — Izarn de Valady, — Kersaint.

Lacroix, — Lasource, — Lauze-Duperret, — Le Bas, — Le Bon, — Le Hardy, — Le Peletier, — Lesterpt-Beauvais, — Lidon, — Lulier.

Mainvielle, — Manuel, — Marat, — Maupassant, — Maure, — Mazuyer, — Mellinet.

Noël, — Orléans (d'), — Osselin.

Perrin, — Petion, — Philippeaux, — Pottier, Louis.
Rabaut-Saint-Étienne, — Rebecqui, — Robespierre aîné, — Robespierre jeune, — Roland, — Ruhl.
Saint-Just, — Salle, — Santayra, — Sillery, — Simond, — Soubrany.
Tellier, — Tessié, — Thomas.
Verdolin, — Vergniaud, — Vidalin, — Villette.

DÉMISSIONNAIRES

Bai, — Balla, — Barety, — Bertrand de l'Hodiesnière, — Dechézeaux, — Duplantier, — Fockedey, — Gilbert, — Guillermin, — Houlières (d'), — Jacob (Saône-et-Loire), — Kersaint, — Leclerc, — Le Maréchal, — Mailhe, Joseph, — Manuel, — Mennesson, — Mollet, — Moreau, — Mourer, — Peuvergue, — Pilastre, — Pottofeux, — Rechin, — Rouzier, — Sanadon, — Soloniac, — Tavernel, — Tocquot.

DÉMISSIONNAIRES RÉINTÉGRÉS

Baudran, — Carelli, — Chastellain, — Chevalier, — Corenfustier, — Couppé, — Daubermesnil, — Laroche, — Maigniez, — Revellière-Lépeaux.

TABLE DES MATIÈRES

Gravures.

Nantes. — Imp. Vincent Forest et Émile Grimaud, place du Commerce, 4.

www.ingramcontent.com/pod-product-compliance
Ingram Content Group UK Ltd.
Pitfield, Milton Keynes, MK11 3LW, UK
UKHW031915260826
14628UKWH00003B/1198

9 782019 682040